新发展格局下创新驱动企业发展研究

李秀萍 杨 烨 著

中国财经出版传媒集团
中国财政经济出版社

图书在版编目（CIP）数据

新发展格局下创新驱动企业发展研究 / 李秀萍，杨烨著． —北京：中国财政经济出版社，2022.6
ISBN 978–7–5223–1481–5

Ⅰ. ①新… Ⅱ. ①李… ②杨… Ⅲ. ①企业创新－企业发展－研究－中国 Ⅳ. ①F279.23

中国版本图书馆 CIP 数据核字（2022）第 100527 号

责任编辑：张晓丽　　　　责任印制：刘春年
封面设计：孙俪铭　　　　责任校对：张　凡

新发展格局下创新驱动企业发展研究
XINFAZHAN GEJU XIA CHUANGXIN QUDONG QIYE FAZHAN YANJIU

中国财政经济出版社 出版

URL：http://www.cfeph.cn
E–mail：cfeph@cfeph.cn
（版权所有　翻印必究）

社址：北京市海淀区阜成路甲 28 号　邮政编码：100142
营销中心电话：010–88191522
天猫网店：中国财政经济出版社旗舰店
网址：https://zgczjjcbs.tmall.com
北京财经印刷厂印刷　各地新华书店经销
成品尺寸：170mm×240mm　16 开　8.75 印张　132 000 字
2022 年 6 月第 1 版　2022 年 6 月北京第 1 次印刷
定价：50.00 元
ISBN 978–7–5223–1481–5
（图书出现印装问题，本社负责调换，电话：010–88190548）
本社质量投诉电话：010–88190744
打击盗版举报热线：010–88191661　QQ：2242791300

前 言

党的十九届五中全会通过的《中共中央关于制定国民经济和社会发展第十四个五年规划和二〇三五年远景目标的建议》明确指出"坚持创新驱动发展,提升企业技术创新能力",并对企业技术创新能力建设提出了明确的要求。创新驱动内涵式增长,已然成为新发展格局下经济高质量发展的重要抓手。近年来,我国的创新投入和创新水平明显增强。据统计,我国企业在"十三五"期间研发经费支出年均增长率达11.3%,2020年为1.86万亿元,占全社会研发经费支出的76.2%。2019年规模以上工业企业研发经费支出为1.4万亿元,年均增长率达8.8%,企业研发人员全时当量366.8万人年,占当年全国研发人员全时当量的76.4%,年均增长率约为6%。欧盟委员会发布的2020年工业企业研发投资2500强显示,我国上榜企业达536家,仅次于美国,居全球第二位。实现创新的企业达到33.6万家,同比增长16.7%,占全部企业数的41.7%。全国开展创新活动的规模以上企业达到36.3万家,同比增长17.9%,占全部企业数的45.2%。我国的科技创新改革虽已取得巨大进步,企业自主创新能力依然不足,"量大质低""策略性迎合"问题广泛存在,加之当前面临"三期叠加"影响以及新冠肺炎疫情冲击,企业的"输血"和"造血"能力面临前所未有的挑战。在此形势下,如何应对"十四五"时期新发展格局下的企业创新问题更是迫在眉睫,成为理解创新驱动内涵式增长的关键。基于此,本书将系统地对新发展格局下创新驱动企业发展问题展开深入研究。

数字经济和"双碳"目标作为新发展格局下的重要背景,成为提升企业创新水平的重要推动力。本书主要以企业创新为研究对象,首先对相关概念进行了界定。其次,将数字经济、数字金融、绿色金融纳入企业创新的影响因素中，通过理论机制和计量分析检验其对企业创新的影响机理，并针对小微企业创新也开展了部分相关研究。最后，根据理论和实证结果提出了一些政策建议。本书的主要结论有：

第一，数字经济可以显著促进企业创新。本书基于中国城市面板数据，分别通过熵值法和主成分分析法构建区域层面的数字经济指数，并与沪深A股上市公司数据进行匹配，以检验数字经济对企业创新的影响。其次，运用DEA–Tobit两阶段模型衡量管理者能力，通过Herfindal–Hirschman指数法构建高管团队异质性指标，检验管理者能力以及高管团队异质性在数字经济与企业创新之间的调节作用。研究结果表明，数字经济与企业技术创新显著正相关，即数字经济的发展有助于提高企业创新能力，管理者能力在数字经济与企业创新之间具有负向调节作用。而高管团队异质性对该作用影响呈现差异性。其中，性别异质性具有负向调节作用，教育背景异质性具有正向调节作用，稳健性检验进一步发现，数字经济发展对面临强融资约束的企业、大型企业、中西部企业以及民营企业的创新能力促进效果更显著。

第二，数字金融可以显著提升企业创新水平。本书将北京大学的数字普惠金融指数与中国沪深A股上市公司数据进行匹配，从多角度检验数字金融对企业创新的影响，然后通过Herfindal–Hirschman指数法构建的高管团队异质性指标实证检验了高管团队异质性的调节效应。研究发现，数字金融发展和覆盖广度、使用深度、数字支持服务程度三个维度均会显著提高企业创新水平，而高管团队年龄、性别、教育背景以及职业背景方面的异质性对该作用影响呈现差异性。其中，年龄和职业背景异质性具有正向调节作用，而性别和教育背景异质性具有负向调节作用，稳健性检验以及内生性检验进一步验证了结论。

第三，绿色金融对企业创新具有显著的促进作用，本书以中国沪深A股非金融上市企业为研究样本，对绿色金融发展与企业创新的促进作用以及企业社会责任履行在绿色金融发展与企业创新之间的调节作用进行理论分析与实证检验。研究结果表明：首先，绿色金融发展对企业创新具有显著的促进作用；其次，企业社会责任的履行能够正向调节绿色金融与企业创新间的正向作用。稳健性检验进一步表明，相较于小型企业、中西部企业以及2016年以后的企业，绿色金融发展对于大型企业、东部企业以及2016年以前的企业均已发挥了更大的作用，这说明当前绿色金融指标构建体系仍需进一步完善，将企业资源引出、地区因素等引入评价体系，适度向小微企业和中西部欠发达地区倾斜，使绿色金融能够惠及所有地区，实现共同富裕、万众创新的作用。

第四，新发展格局下数字金融、政企关系均可以影响小微企业创新。本书以中国小微企业调查（CMES）数据库小微企业为研究样本，通过与数字普惠金融指数进行匹配，从多种维度讨论数字金融对小微企业创新的影响，并进一步探究小微企业主经历对数字金融与企业创新之间的调节作用机制。结果表明，地区数字金融的发展显著促进了小微企业的创新，在考虑了内生性问题和一系列稳健性检验之后，结论仍然成立。通过企业所有者经历这一调节机制发现，小微企业所有者经历能够显著促进地区数字金融发展对企业创新的正向调节作用。此外，通过异质性分析发现，相对于东部发达地区，数字金融对中西部等欠发达地区的作用效果更为显著，这也进一步说明了数字普惠金融的普惠性和可触达性。

此外，本书还尝试从政企关系和社会责任履行这一角度进一步探讨小微企业创新的背后影响机制。可以看到，在小微企业群体中，政企关系确实较为普遍，建立良好的政企关系能够在市场机制尚不健全的条件下寻找替代机制，有利于企业创新发展。通过借助 CMES 小微企业调查数据库的实证分析发现，政企关系和社会责任均能显著提高小微企业的技术创新能力，在主动参与创新以及创新成果形成方面都有显著的正向作用，社会责任的履行能够强化政企关系对小微企业创新的正向作用。通过稳健性检验发现，政企关系和社会责任的履行对企业创新的促进作用依然显著，而东、西部地区较中部地区企业创新效果显著，这说明确实存在地域影响效应的异质性。

总体而言，本书结合数字经济和双碳目标的研究背景，围绕新发展格局下创新驱动企业发展展开研究。重点围绕数字经济、数字金融和绿色金融对企业创新的影响机制进行了系统性地分析和探究，并对小微企业创新问题展开部分研究，以期为新发展格局下创新驱动企业发展提供了一定的理论支撑和实践参考。

目录

第 1 章　绪论 / 1
　　1.1　研究背景 / 3
　　1.2　相关概念界定 / 4
　　1.3　主要研究内容 / 8

第 2 章　数字经济与企业创新 / 11
　　2.1　引言 / 13
　　2.2　理论机制与研究假设 / 14
　　2.3　研究设计 / 19
　　2.4　实证检验与结果分析 / 23
　　2.5　稳健性检验 / 28
　　2.6　本章小结 / 34

第 3 章　数字金融与企业创新 / 37
　　3.1　引言 / 39
　　3.2　理论机制与研究假设 / 40
　　3.3　研究设计 / 45
　　3.4　实证检验与结果分析 / 49
　　3.5　稳健性检验 / 53
　　3.6　本章小结 / 55

第 4 章　绿色金融与企业创新 / 57
　　4.1　引言 / 59

  4.2　理论机制与研究假设 / 61

  4.3　研究设计 / 65

  4.4　实证检验与结果分析 / 69

  4.5　稳健性检验 / 72

  4.6　本章小结 / 75

第 5 章　新发展格局下小微企业创新研究 / 77

  5.1　引言 / 79

  5.2　数字金融与小微企业创新 / 80

  5.3　政企关系与小微企业创新 / 92

  5.4　本章小结 / 101

第 6 章　结论与政策建议 / 103

  6.1　主要结论 / 105

  6.2　政策建议 / 107

参考文献 / 110

第1章

绪　　论

1.1 研究背景

党的十九届五中全会通过的《中共中央关于制定国民经济和社会发展第十四个五年规划和二〇三五年远景目标的建议》明确指出要"坚持创新驱动发展,提升企业技术创新能力",并对企业技术创新能力建设提出了明确的要求。创新驱动内涵式增长,已然成为新发展格局下经济高质量发展的重要抓手。从宏观层面来看,技术创新对一国的经济增长至关重要(Schumpeter,1911;Solow,1957;Romer,1986);从微观层面来讲,技术创新也是企业提升核心竞争力的重要方式(Porter,1992)。根据政策界的结论,比如亚太经合组织(OECD)在2015年的报告显示,一国的国内生产总值增长中50%来自创新的贡献(以物质资本为代表的技术进步、知识资本的投资、全要素生产率TFP的增长、熊彼特的创造性破坏等)。从学术界来看,经济学家们估计一国85%的经济增长归功于技术创新(Rosenberg,2004),由此可见技术创新驱动发展至关重要。

据统计,我国企业在"十三五"期间研发经费支出年均增长率达11.3%,2020年为1.86万亿元,占全社会研发经费支出的76.2%。2019年企业研发人员全时当量366.8万人年,占当年全国研发人员全时当量的76.4%,年均增长率约为6%(2015—2019年)。2019年规模以上工业企业研发经费支出为1.4万亿元,年均增长率达8.8%(2015—2019年)。欧盟委员会发布的2020年工业企业研发投资2500强显示,我国上榜企业达536家,仅次于美国,居全球第二位。全国开展创新活动的规模以上企业达到36.3万家,同比增长17.9%,占全部企业数的45.2%。实现创新的企业达到33.6万家,同比增长16.7%,占全部企业数的41.7%。全国新登记企业数达到739.1万家,同比增长10.3%,较2015年增长66.5%,日均新设企业数量2.02万家,是2015年的1.68倍。

我国的科技创新改革虽已取得巨大进步,但企业自主创新能力依然不足,"量大质低""策略性迎合"问题广泛存在,当前面临"三期叠加"影响以及新冠肺炎疫情冲击,企业的"输血"和"造血"能力面临前所未有的挑战。在此形势下,如何应对"十四五"时期新发展格局下的企业创新问题更是迫在眉睫。数字经济和"双碳"目标作为新发展格局下的重要背景，成为提升企业创新的重要推动力。本书主要以企业创新为研究对象，将数字经济、数字金融、绿色金融纳入企业创新的影响因素中，通过理论机制和计量分析检验其对企业创新的影响机理，并针对小微企业创新也开展了部分相关研究。研究结果表明，数字经济、数字金融、绿色金融均可以显著促进企业创新，机制分析和稳健性检验进一步验证了结论。本书为新发展格局下创新驱动企业发展提供了一定的理论支撑和实践参考。

本章作为绪论，主要介绍了本书的研究背景和研究意义，进而提出本书所要研究的主要问题——"数字经济、数字金融、绿色金融与企业创新之间的关联性，以及互动机制是怎样"，阐明了研究的目的。随后，对一些基本概念和本书的研究范围进行了厘清和界定，并阐述了本书的主要研究内容。

1.2 相关概念界定

企业创新。创新是新发展格局下维护经济社会稳定、经济高质量发展的重要推动力。党的十九届五中全会指出要"坚持创新驱动发展，提升企业技术创新能力"。创新驱动内涵式增长，已然成为经济高质量发展的重要抓手。对于企业而言，提高企业创新水平是提升核心竞争力的关键。"创新"这一概念由熊彼特于1912年首次提出，作者指出创新是建立一种新的生产函数，并据此提出五种类型的创新。第一种是开拓新的市场；第二种是生产新的产品；第三种是利用新的组织方式；第四种是开辟且利用新的原材料或半成品的供给来源；第五种是引进新的生产方法或者工艺。亚太经济合作与发展组织在1992年将创新分为两大类，包括技术创新和非技术创新，并认为技术创新也分为两类，一是产品创新，即通过研究开发新产品或改善旧产品的性能和质量，二是技术创新，即开发新的工艺流程，改善产品质量或降低产品成本。联合国教科文组织将创新投资定义为"组织或个人为了不断积累知识总量而持续进行的理论研究、试验活动及应用研究等"。傅家骥等（1998）在《技术创新学》中指出将技术创新可分为狭义技术创新和广义技术创新，其中狭义技术创新是指从研究开发开始到市场实现结束的技术创新，广义技术创新是指在狭义技术创新层面上加大研发力度，从发明创造开始至技术扩散结束的技术创新。参考刘耀娜（2021），本书所指创新是指狭义的技术创新，即企业在生产发展过程中，对组织、生产条件和生产要素重新进行组合，通过人力和资本的投资，在新产品开发、旧产品改造或新工艺使用等方面进行创造性改进，进一步提高产品的质量，降低产品成本、推进产品升级，提高产品使用性能或改进安全环保的问题，帮助企业提升核心竞争力和企业价值。

从宏观层面来看，技术创新对一国的经济增长至关重要（Schumpeter, 1911; Solow, 1957; Romer, 1986）；从微观层面来讲，技术创新也是企业提升核心竞争力的重要方式（Porter, 1992）。亚太经合组织（OECD）2015年发表的报告显示，一国GDP增长中有50%来自创新的贡献（以物质资本为代表的技术进步、知识资本投资、全要素生产率增长、创造性破坏等）。根据经济学家们估计，一国85%的经济增长归功于技术创新（Rosenberg, 2004）。近年来，企业创新问题逐渐引起学术界和政策界的广泛关注。创新作为一种长周期、高风险的投入，需要具有冒险精神和风险承担意识（Holmstrom, 1989）。Schumpeter（1912）最早提出"创新"概念，并对金融发展与企业创新进行初探，此后众多学者探索了企业创新能力和创新绩效影响（Guzman, 2000；郭进和白俊红, 2019）。近年来围绕企业创新的研究大多在探讨其影响因素，下面分别从外部因素和内部因素围绕企业创新影响因素进行文献的梳理。

外部因素主要包括金融发展、产业政策、制度环境等（解维敏和方红星, 2011；余明桂等, 2016；李春涛等, 2020；Dosi et al., 2006；Hsu et al., 2014）。金融发展的基础内核是解决企业的融资可得性，这直接受信息和交易成本的约束，进而影响企业创新（解维敏和方红星, 2011；王贞洁, 2016；Levine, 1997；Hsu et al., 2014）。经过学者们从专业化、激励机制、风险管理等理论层面阐述金融之于创新的作用（Hicks, 1969；Morales, 2003；Chowdhurya & Maung, 2012），金融发展对企业创新的影响逐渐引起关注，并逐步拓展到实证层面。一系列研究表明我国金融体系发展不完善且以间接融资为主，传统金融因结构性问题不利于企业创新（汪伟和潘孝挺, 2015；李晓龙, 2017；汪洋等, 2020），而民营企业对金融市场环境的需求更为强烈（王霄和张捷, 2003；魏志华等, 2014）。普惠金融的出现提高了金融服务的可得性和有效性，影响民营企业创新（邢乐成和王延江, 2013；邹伟和凌江怀，2018；Khurana，2006）。随着数字技术和金融服务的深度结合，数字金融对企业创新质量发挥着重要作用（梁华和张建华，2019；万佳彧等，2020）。可以看到，金融改革和发展有利于提高企业研发投入，进而提升企业自主创新能力（王淑娟等，2018）。产业政策主要指政府支持某些特定类型的企业，优先发展某类经济体的政策。余明桂等（2017）认为受到产业政策支持的企业往往创新水平更高，并建议政府应当重视民营企业在促进产业创新水平上的重要性，需要加以支持和鼓励。常曦等（2020）从生命周期的视角出发，认为地方产业政策对成熟期企业的创新能力具有显著的促进作用，而对成长期企业的创新水平影响并不显著。从制度环境来看，黄德春和刘志彪（2006）指出环境法规规制可以促进企业提升创新能力，持相同的结论还包括 Zhuge 等（2019）。Mario 等（2013）的研究显示政府放松对银行业的管制可以促使资本依赖度更高的企业创新。还有些学者指出企业所处地区的营商环境也会影响企业创新（张龙鹏等，2016；何凌云和陶东杰，2018）。

内部因素主要包括高管特征、企业规模、公司治理、社会关系等因素（周黎安和罗凯，2005；李春涛和宋敏，2010；申宇等，2017；Hirshleifer et al.，2012）。Galasso 和 Simcoe（2011）研究了管理者过度自信如何影响企业创新。Mao 和 Zhang（2017）发现 CEO 薪酬结构会影响企业创新。刘运国和刘雯（2007）指出上市企业的高管任期时间越长，则企业创新投入水平越高。虞义华等（2018）认为具有发明家经历的高管能够显著提升企业创新投入和产出水平。张晓亮等（2019）的研究发现企业 CEO 学术经历对企业创新影响较为显著。从公司治理角度来看，不少学者从股权结构切入进行研究。比如冯根福和温军（2008）指出企业的股权集中度和企业研发投入具有显著的倒"U"形关系。李春涛和宋敏（2010）通过研究也发现公司高管持有较多股权可以通过激励企业员工提升努力水平，进而对企业创新具有显著的促进作用。也有学者指出企业内部的创新文化氛围可以潜移默化的提升企业的创新水平（刘云和石金涛，2009）。

数字经济。纵观数字经济发展的历程，泰普斯科特于 1996 年正式提出数字经济的概念（泰普斯科特，2016）。2016 年，G20 峰会将数字经济的概念做了明确定义：数字经济是指以使用数字化知识和信息作为关键要素、以现代信息网络作为重要载体、以信息通信技术的有效使用作为效率提升和经济结构优化的重要推动力的一系列经济活动。由此可见，数字经济时代的生产要素发生了变化，数据作为新的要素投入生产中，通过整合和创新生产模式，融合传统产业和数字技术，进而产生一种新的经济形态。正如陈岩等（2020）所说，数字技术的应用深刻影响了企业对知识的转移和重组的能力，促使企业更有效的实现创新发展，由传统的创新网络向创新生态系统进行转变。国家战略层面来看，2017年《政府工作报告》中首次提及"数字经济"，并于2019年提升到国家的战略层面上来。如何抓住新一轮的技术革新，高效精准的运用数字化技术，实现创新升级具有重要意义。

数字金融。随着数字经济时代的到来，各类金融机构借助大数据、人工智能、云计算、5G技术、区块链等数字技术拓展了金融服务的边界，数字金融这种新型服务模式步入大众视野。金融服务通过结合数字技术能够降低信息不对称，实现信息共享，扩大了金融覆盖面和使用广度，解决了"最后一公里"问题，有效实现了普惠性和数字化的完美融合。数字普惠金融已然成为金融服务的重要源动力和增长点（郭峰等，2020）。在2016年杭州G20峰会上，我国参与制定的《G20数字普惠金融高级原则》明确了数字金融发展方向（王善高等，2022）。目前针对数字金融的概念界定尚未统一，相较于"互联网金融"和"普惠金融"而言，"数字金融"属于一种广义性质的新型金融服务模式，它结合了现代技术对金融业务进行数字化的过程，可看做互联网金融的升级阶段。2016年G20报告将"数字普惠金融"定义为：泛指一切通过使用数字金融服务以促进普惠金融的正规金融服务行动，关键点在于负责任、成本可负担、商业可持续（吴金旺和顾洲一，2018）。数字普惠金融主要通过数字技术赋能传统普惠金融，相较于互联网金融而言更加注重可负担性、全面性、商业可持续性，不仅指"互联网信息技术+传统金融服务"，而是在其基础上通过数字技术促进普惠金融发展的新方式，涵盖支付、融资、信贷、保险、理财、信用等诸多业务领域，真正达到"数""普""惠"协同发展的目的。

绿色金融。绿色金融作为一种基于环境保护原则设置的金融制度，属于一种金融创新（Jose Salazar，1998），能够直接解决环保类企业的融资问题，而对于高污染性的企业将会促使其将污染成本内生化（马骏等，2014）。从历史上看，绿色金融最早源于1974年德国成立的世界上第一家政策性环保银行名曰"生态银行"，掀开了资源配置和环境保护挂钩的篇章。作为应对资源环境压力而产生的金融制度，绿色金融注重金融部门在资金配置决策过程中与环境相关的成本—收益和风险,以此来促进经济社会协调发展(Jung Wan LEE,2020)。按照 G20 关于绿色金融的定义,绿色金融是指能够产生环境效应,支持可持续发展的投融资活动。由此可见,作为一种环境保护类金融制度安排,绿色金融为推动环境和经济可持续发展具有重要作用,为助力企业绿色创新发展提供大量的投融资支持,也能够约束金融机构过度关注项目收益而忽略环境问题。

1.3 主要研究内容

数字经济和"双碳"目标作为新发展格局下的重要背景,成为提升企业创新的重要推动力。本书主要以企业创新为研究对象,将数字经济、数字金融、绿色金融纳入到企业创新的影响因素中,通过理论机制和计量分析检验其对企业创新的影响机理,并针对小微企业创新也开展了部分相关研究。研究结果表明,数字经济、数字金融、绿色金融均可以显著促进企业创新,机制分析和稳健性检验进一步验证了结论。本书为新发展格局下创新驱动企业发展提供了一定的理论支撑和实践参考。具体来讲,本书的研究内容分为以下六个部分:

第 1 章为绪论。该章主要提出了研究背景,阐述新发展格局下企业创新问题的研究的背景、理论和实践意义、相关概念的界定以及主要研究内容。

第 2 章为数字经济与企业创新研究。该章首先基于中国城市面板数据,分别通过熵值法和主成分分析法构建区域层面的数字经济指数,并与沪深 A 股上市公司数据进行匹配,以检验数字经济对企业创新的影响。其次,运用 DEA – Tobit 两阶段模型衡量管理者能力,通过 Herfindal – Hirschman 指数法构建高管团队异质性指标,检验管理者能力以及高管团队异质性在数字经济与企业创新之间的调节作用。研究结果表明,数字经济与企业技术创新显著正相关,即数字经济的发展有助于提高企业创新能力,管理者能力在数字经济与企业创新之间具有负向调节作用。而高管团队异质性对该作用影响呈现差异性。其中,性别异质性具有负向调节作用,教育背景异质性具有正向调节作用,稳健性检验进一步发现,数字经济发展对面临强融资约束的企业、大型企业、中西部企业以及民营企业的创新能力促进效果更显著。本章内容为推动企业数字化转型以及激励企业创新提供了理论支撑，也为我国的数字经济发展提供了一定的借鉴和参考。

第3章为数字金融与企业创新研究。该章将城市层面的北京大学数字普惠金融指数与中国沪深A股上市公司数据进行匹配，从多角度检验数字金融对企业创新的影响，然后通过Herfindal-Hirschman指数法构建的高管团队异质性指标实证检验了高管团队异质性的调节效应。研究发现，数字金融发展和覆盖广度、使用深度、数字支持服务程度三个维度均会显著提高企业创新水平，而高管团队年龄、性别、教育背景以及职业背景方面的异质性对该作用影响呈现差异性。其中，年龄和职业背景异质性具有正向调节作用，而性别和教育背景异质性具有负向调节作用，稳健性检验进一步验证了结论。该章研究内容一定程度上丰富了数字金融影响企业创新的相关研究，并为金融市场如何更好地服务实体经济提供了理论依据和政策参考。

第4章为绿色金融与企业创新研究。该章以中国沪深A股非金融上市企业为研究样本，对绿色金融发展与企业创新的促进作用以及企业社会责任履行在绿色金融发展与企业创新之间的调节作用进行理论分析与实证检验。研究结果表明：首先，绿色金融发展对企业创新具有显著的促进作用；其次，企业社会责任的履行能够正向调节绿色金融与企业创新间的正向作用。稳健性检验进一步表明，相较于小型企业、中西部企业以及2016年以后的企业，绿色金融发展对于大型企业、东部企业以及2016年以前的企业均已发挥了更大的作用，这说明当前绿色金融指标构建体系仍需进一步完善，将企业资源引出、地区因素等引入评价体系，适度向小微企业和中西部欠发达地区倾斜，使绿色金融能够惠及所有地区，实现共同富裕、万众创新的作用。

第5章为新发展格局下小微企业创新研究。该章以中国小微企业调查（CMES）数据库中小微企业为研究样本，通过与数字普惠金融指数进行匹配，从多种维度讨论数字金融对小微企业创新的影响，并进一步探究小微企业所有者的经历对数字金融与企业创新之间的调节作用机制。结果表明，地区数字金融的发展显著促进了小微企业的创新，在考虑了内生性问题和一系列稳健性检验之后，结论仍然成立。通过企业所有者经历这一调节机制发现，小微企业所有者经历能够显著促进地区数字金融发展对企业创新的正向调节作用。此外，通过异质性分析发现，相对于东部发达地区，数字金融对中西部等欠发达地区的作用效果更为显著，这也进一步说明了数字普惠金融的普惠性和可触达性。

此外,本书第 5 章还尝试从政企关系和社会责任履行这一角度进一步探讨小微企业创新的背后影响机制。可以看到,在小微企业群体中,政企关系确实较为普遍,建立良好的政企关系能够在市场机制尚不健全的条件下寻找替代机制,有利于企业创新发展。通过借助 CMES 小微企业调查数据库的实证分析发现,政企关系和社会责任均能显著提高小微企业的技术创新能力,在主动参与创新以及创新成果形成方面都有显著的正向作用,社会责任的履行能够强化政企关系对小微企业创新的正向作用。通过稳健性检验发现,政企关系和社会责任的履行对企业创新的促进作用依然显著,而东、西、部地区较中部地区企业创新效果显著,这说明确实存在地域影响效应的异质性。

第 6 章为本书主要结论与政策建议。该部分首先梳理和总结了全书各章节的研究结论,然后再由此提出关于数字经济、数字金融和绿色金融助力(小微)企业创新的一系列政策性建议。

第 2 章

数字经济与企业创新

本章通过匹配宏观层面的数字经济与微观层面的企业数据，结合理论机制和实证分析探究新发展格局下数字经济与企业创新的关系，并对企业管理者特征在数字经济与企业创新之间发挥的作用机制展开探究，其中企业管理者的特征主要包括运用 DEA-Tobit 两阶段模型衡量的管理者能力，以及采用 Herfindal-Hirschman 指数法构建的企业高层管理团队的异质性。研究结果表明，数字经济与企业技术创新显著正相关，即数字经济的发展有助于提高企业创新能力，管理者能力与企业创新显著负相关，但强化了数字经济与企业创新之间的正向调节作用。而高管团队异质性对数字经济与企业创新之间关系的作用影响呈现一定的差异性。其中，性别异质性具有负向调节作用，教育背景异质性具有正向调节作用，进一步研究发现，数字经济发展对面临强融资约束的企业、大型企业、中西部企业以及民营企业的创新能力促进效果更显著。本章研究内容为新发展格局下推动企业数字化转型以及激励企业创新提供了理论支撑，也为我国的数字经济发展提供了一定参考。

2.1 引　　言

数字经济和创新成为当前中国乃至世界重点关注的议题。2020 年 11 月 20 日，习近平总书记在 APEC 会议中指出："数字经济是世界未来发展方向，创新是亚太经济腾飞的翅膀。"据中国信息通信研究院发布的《中国数字经济发展与就业白皮书（2021 年）》显示，2020 年我国数字经济增加值规模达到 39.2 万亿元，较 2019 年增加 3.3 万亿元，占 GDP 比重达到 38.6%，同比提升 2.4 个百分点，在全球疫情冲击下仍然保持住了增速，成为稳定经济增长的关键推动力。2021 年作为"十四五"规划的开局之年，加快数字经济发展，推动数字经济与实体经济深度融合，成为当前以及之后相当长一段时间内的重要目标。

目前关于数字经济与企业创新方面的研究较少，围绕基于数字化技术下的数字金融的研究逐渐丰富起来（万佳彧等，2020；李春涛和宋敏，2010；唐松等，2019）。数字经济发展畅通了企业融资渠道，实现了知识积累和外溢，还催生出了新的创新发展模式（侯世英和宋良荣，2021）。那么数字经济作为一种新的衍生形式，能否促进微观企业创新能力的提升呢？除了直接影响企业技术创新之外，管理者特征比如企业管理者能力是否会影响这一传播路径？此外，已有研究表明，根据高阶梯队理论，高管团队的异质性对企业发展有一定影响（韩忠雪等，2014；谢凤华等，2008），且不同特征的异质性作用机制不同，但高管团队异质性在数字经济企业创新之间的调节作用并未引起足够关注。通过明确这些问题，才能明确数字经济对企业创新的影响机制，并提出应对之策。基于此，本书通将数字经济发展、管理者能力、高管团队异质性与企业创新纳入统一分析框架，研究数字经济、管理者能力以及高管团队异质性对我国企业创新的影响机制和路径，以便为推动企业数字化转型以及激励企业创新提供理论支撑，也为我国的数字经济发展提供一定参考。

本章可能的边际贡献表现如下：第一，研究视角上的创新。从数字经济与实体经济深度融合的视角对数字经济、管理者能力、高管团队异质性与企业创新之间的关系做研究，弥补了数字经济发展这一领域研究的不足，同时拓展了企业创新相关领域的研究。第二，在研究内容上，从管理者能力、融资约束和高管团队异质性几种渠道研究数字经济对企业创新的影响机制，其中管理者能力采用 DEA – Tobit 模型构建，融资约束采用 SA 指数进行测度，高管团队异质性采用 Herfindal – Hirschman 指数法构建。本书为拓展数字经济与实体经济深度融合、科学有效的制定企业创新决策提供了一定的理论支撑。本章剩余部分的结构安排如下：第二部分是理论分析与研究假设；第三部分是研究设计；第四部分是实证检验与结果分析；第五部分是稳健性检验；最后一部分是本章的主要研究结论和相关的政策建议。

2.2　理论机制与研究假设

2.2.1　数字经济与企业创新

近年来，伴随着数字经济的发展，诸如大数据、人工智能、云计算、区块链、深度学习等数字技术的应用，为实体经济提供了更广泛的资源和渠道，降低了企业与市场之间的信息不对称，为企业创新和发展提供了更具挑战性的条件和机遇。由此可见，数字经济深刻改变了企业的发展和创新模式，提高了企业创新的可能性，具体可表现为以下几个方面。

首先，数字经济发展缓解和丰富了企业的资源渠道。我们知道，企业创新具有高风险、高投入、周期长的特点，在传统经济下极易因信息不对称导致融资难、融资贵问题，资金不足则难以支撑企业的创新投入，导致企业创新问题凸显（Kaplan & Zingales，1997）。随着数字经济的发展，数字技术的应用可以打破企业和市场之间的信息不对称，使金融机构能够快速甄别企业信息，这一方面降低了企业的融资成本，另一方面提高了资金的可获得性和便利性，提高了企业创新行为的科学和准确性（Gomber et al.，2018；唐松等，2020）。传统经济下，企业受困于成本和技术等因素，不能高效的吸收诸如小微企业以及有创新需求的企业等，导致市场效率的损失。而在数字经济发展背景下，企业能够弥补传统经济的服务短板，通过数字技术的应用打通融资渠道，降低投融资需求端和供给端的信息不对称，信贷资源错配现象得以缓解，缓解了企业的融资约束，为企业创新的资金需求扫除障碍（万佳彧等，2020）。此外，数字经济与企业的深度融合使企业用的业务处理和生产经营效率得以大幅提升，可以有效吸引和整合外部资源和内部资源，实现资源的高效利用和精准识别，为企业创新资金来源提供有力支撑。郑小碧（2017）在文章中指出，数字技术的应用可以让企业更好的挖掘数据和保证信息要素的活力，使原来沉淀的创新性资源得以重新应用。

其次，数字经济打通了企业的产品端和创新端。在数字经济发展的大背景下，企业通过整合各类资源，重构消费者和企业之间的关系，打通在传统经济下受限于成本等约束下的信息渠道，为企业创新创造了环境和条件，同时也倒逼企业进行革新。譬如近年来兴起的电子商务，厂商便可以借助数字技术，通过分析以往的消费记录对未来市场需求进行精准预测，大大降低了市场风险和交易的成本。而对于消费者而言，可以直接向厂商发送消费需求，厂商收到指令后即可立即投入生产计划（王玉柱等，2018），避免了资源的浪费和效率的损失。另一方面，在数字经济技术的运用下，数据要素成为一种高效、低成本的投入要素，使企业的各项管理和运营成本明显降低，能够争取出资源紧紧围绕消费者需求进行资源整合和利用（赵西三，2017）。伴随着大数据、人工智能、物联网和云计算等技术的应用，数字经济的优势在于不仅整合了已有的创新资源，释放了社会的创新活力，长尾效应较明显，还打破了传统的生产要素投入限制对企业创新的约束，使要素供给和创新需求的时空局限得以打破，通过数字技术的应用能够做到直接对接市场需求和企业产品创新，一方面满足了消费者的需求，另一方面也提升了市场效率和企业的创新能力（荆文君和孙宝文，2019）。

最后，数字经济的发展增强了企业获取创新知识的能力和渠道。众所周知，企业创新能力的提升需要知识的积累（Akcigit et al.，2018），数字经济的发展降低了企业获取知识的成本，增强了知识的共享性和传播性，同时也强化了知识的外溢性（郭进和白俊红，2019）。在传统的经济下，地理距离成为企业研发要素流动的重要障碍（薛成等，2020），而信息技术的发展能够在一定程度上扫清该障碍，加速知识和外溢和研发要素的流动。企业可以借助数字技术精准挖掘市场需求并且预测潜在的需求，还可以引导并创造出新的市场需求，引导企业研发创新由原来的经验驱动向数据驱动进行转变，为企业创新提供方向性指引。此外，传统经济模式下企业的知识资源大多碎片化，整合和利用这些资源时间成本非常大，而在数字经济发展模式下，企业的数据应用和管理的水平明显提升，数据要素和其他生产要素得以整合和补充，更高效的投入企业生产和创新活动中去（李唐等，2020）。陈岩等（2020）认为，数字技术的应用深刻影响了企业对知识的转移和重组的能力，促使企业更有效的实现创新发展，由传统的创新网络向创新生态系统进行转变。综合以上三个方面，得出本章研究假说1：

研究假说1：在控制其他因素不变的情况下，数字经济发展显著促进了企业创新。

2.2.2 数字经济、管理者能力与企业创新

企业创新是内外部因素共同作用的结果。从前文分析中可以看出，得益于数字经济的发展，企业创新的外部环境得到了改善，具体体现在资源、信息和知识渠道的畅通。管理者能力作为影响企业创新的内部因素，在影响企业创新发展方面的作用不容小觑（文芳和胡玉明，2009；张军和徐庆瑞，2018）。

首先，根据经典的管理防御理论，当企业内外部的治理结构方面的约束缺乏时，管理者容易在职位和声誉的压力下，做出有利于自身的决策。管理者为了更快的获得社会公众和投资者们的声誉，将会倾向于选择投资短、平、快的项目（Narayanan，1985）。我们知道，企业创新具有高风险性和低回报性的特征，此时管理者将会选择投资少见效快的项目替代创新型的项目，从

而减少创新投入（Hirshleifer et al., 2012）。高能力的企业管理者能够更快的获得各类项目信息，对于短平快的项目能做到精准识别，基于业绩考核的压力将会主动选择风险小、周期短的项目，从而对企业创新产生了负向作用。

其次，根据寻租理论，管理者容易产生机会主义行为，其更注重个人职业生涯的发展（Habib & Hasan, 2017），能力越强的管理者攫取私人利益的动机和能力更强，热衷于通过构建自己的"商业帝国"来获取私人利益，使所有权与控制权分离背景下的股东权益受损，对于企业创新这种高投入且见效慢的活动不以为意。还有些研究表明，高能力管理者更加容易过度自信，高估自己的管理能力和低估企业创新面临的风险，导致企业非效率投资，更加不利于企业创新。

最后，尽管管理者能力对企业创新具有负向影响，但整体来讲强化了数字经济对企业创新的正向影响。在数字经济发展背景下，根据以大数据和人工智能为基础构建的"数据—智慧"决策模型，可以看到数字经济可以优化企业管理者的决策体系并降低以自利为主要特征的非理性行为（胡斌和刘作仪，2018）。祁怀锦等（2020）也认为得益于数字经济的发展，管理者进行非理性决策的程度会明显降低，从而提高其创新决策的水平，基于需求端的预测和决策方向的准确性可以通过提高企业创新的可能。随着管理者能力的提高，整合和运用信息的能力得以明显提升，数字经济通过缓解企业管理者与企业创新之间的信息不对称，优化企业创新投入的结构，提升研发投入和产出效率。综合以上三方面的分析，得出本章研究假说2和研究假说3：

研究假说2：在控制其他因素不变的情况下，管理者能力抑制了企业创新。

研究假说3：在控制其他因素不变的情况下，管理者能力强化了数字经济与企业创新之间的正向效果。

2.2.3 数字经济、高管团队异质性与企业创新

Hambrick和Mason（1984）最早提出高阶梯队理论（Upper Echelon Theory），作者指出内外部环境变动会导致高层管理团队呈现不同特征，进而对团队战略选择具有重要影响，团队战略选择直接影响企业绩效。从此，高管团队特征对企业发展的影响逐渐走入人们的视野。创新作为企业增强市场竞争力的

重要方式，党中央也高度重视企业创新，指出"坚持创新驱动发展，提升企业技术创新能力"，如何提升企业创新能力成为学者们重点关注的课题。众多学者们研究认为高管团队异质性会影响企业创新（任兵等，2011；Hambrick et al.，1996；韩忠雪等，2014），高管团队异质性主要指高层管理团队在性别和教育背景等方面的多样性（Carpenter & Fredrickson，2001；谢凤华等，2008）。企业创新具有多重复杂性，受到诸多因素的影响，本书认为高管团队在性别和教育背景的异质性方面对企业创新具有重要影响，并可能在数字经济与企业创新之间具有一定的调节作用。由高阶梯队理论，企业面临的内外部环境变化会影响高管团队特征，因此近年来高速发展的数字经济必然会影响企业高管团队特征，进而对企业创新产生影响。

通过相关文献的梳理，发现高管团队性别异质性越大，侧面说明高管团队中女性比例较高，而女性高管风险厌恶程度相较于男性高很多，而男性往往过度自信偏好风险（Harris et al.，2006；周业安等，2016），Huang和 Kisgen（2013）通过对比男女高管所做的投资决策发现，相较于男性高管，女性高管进行更少的债务和收购行为。众多学者也证明女性高管与企业创新之间呈现显著负相关关系（王清等，2015），这进一步说明高管团队性别异质性对企业创新具有明显的抑制作用。数字经济作为一种新生事物，保守意识和风险厌恶的态度决定了女性较多的高管团队会一定程度上降低数字经济对企业创新的促进作用。高管团队教育背景异质性越大，说明处于两端的高学历者和低学历人较多，低学历的高管往往阅历丰富，与高学历的高管形成一定的互补效应。众多学者表明，高管团队的教育背景对企业绩效具有显著的促进作用（陈哲等，2019；Chen et al.，2019）。拥有不同学历背景的高管之间可以形成百花齐放、百家争鸣的局面，企业实现创新的过程即是思维不断碰撞的过程。基于数字化技术的数字经济，近几年来逐渐引起学术界和政策界的广泛关注，学历较低但阅历丰富的高管们虽不掌握技术但却能及时抓住这一风口，学历高的高管能够掌握其中的技术和知识，收集和处理复杂信息的能力也较强（曾亚婷和黄珺，2021），教育背景不同的高管的结合能够充分发挥数字经济对企业创新的作用。基于此，本章提出研究假说4和研究假说5：

研究假说4：在控制其他因素时，高管性别异质性对企业创新具有抑制作用，且弱化了数字经济对企业创新的正向激励效果。

研究假说5：在控制其他因素时，高管教育背景异质性对企业创新具有激励作用，且强化了数字经济对企业创新的正向激励效果。

2.3 研究设计

2.3.1 数据来源与样本选择

本章选择2011—2019年中国沪深A股非金融上市公司作为样本进行研究，数字经济数据来源于对国家统计局、工信部、科技部及相关年鉴原始数据的手工整理并计算，依照企业注册地进行匹配。数字经济指数从数字基础设施、数字化应用以及数字化发展潜力三个维度，分别通过熵值法和主成分分析法来构建地区数字经济发展水平的指标评价体系。本章通过匹配宏观层面的数字经济发展水平与微观层面的企业创新，以此来验证数字经济对企业创新的促进作用。衡量企业管理者能力的指标通过数据包络分析（DEA）和Tobit模型测度所得。管团队异质性即企业中的高管团队成员在人员背景、认知理念、价值观念以及职业经验等方面的差异，具体涉及年龄和教育背景等多个维度，数据来自CSMAR、WIND数据库、历年的上市公司年报以及高管简历检索后手工整理并计算所得。衡量企业创新指标的专利数据来源于国泰安数据库，产权性质的数据来自CCER数据库，企业所属的行业参照中国证监会《上市公司行业分类指引（2012年修订）》规定的行业代码和行业门类代码进行确定。本章通过合并微观层面的上市公司数据和宏观层面的数字经济，所以一定程度上可以缓解部分内生性问题。

借鉴现有文献的做法（顾夏铭等，2018），本章对原始样本进行了如下的清理：（1）由于金融保险类的企业监管制度和报表结构和其他种类的行业相差甚远，因此需要剔除金融保险类行业的企业；（2）因ST企业的财务和交易机制出现异常情况，故需要剔除层*ST以及以前被ST的企业样本；（3）剔除包括企业创新、绿色金融、社会责任等关键变量指标缺失的企业样本；（4）剔除资产负债率大于100%（即资不抵债的样本）。为了避免异常值对模型回归的影响，本章对所有连续的变量进行1%水平的Winsor缩尾处理。实证部分采用Stata15.0软件对筛选后的7907家企业样本进行回归分析。

2.3.2 变量说明

1. 被解释变量

被解释变量为企业创新水平。关于企业创新水平的测度，现有文献主要有投入和产出两种度量方式。本章借鉴顾夏铭等（2018）的研究，采用企业研发投入加1取自然对数衡量企业创新。研发产出以专利申请数量衡量，本章手工收集了上市公司的名单以及公司年报，在专利查询系统中获取每一年度的发明专利、实用新型专利和外观设计专利申请数量。参照闫昊生等（2021）的研究，在稳健性检验中采用专利申请总量+1取自然对数衡量企业的创新活动。

2. 解释变量

解释变量是数字经济（Digital）。借鉴许宪春和张美慧（2020）的思想，本章分别从数字基础设施、数字化应用以及数字化发展潜力三个维度，以此来构建数字经济发展指标的评价体系。其中，数字基础设施包含移动电话用户数、互联网普及率、软件和信息技术服务业收入、电信业务总量四项指标；数字化应用包含电子商务交易额、企业数字支付占比、数字化平台数量、从事电子商务交易活动的企业数四项指标；数字化发展潜力包含信息通信技术行业从业人数、信息通信技术行业收入、信息通信技术行业研发投入、信息通信技术专利授权数四项指标。结合这三个维度分别利用熵值法和主成分分析法计算数字经济指标的权重与综合指数。

3. 调节变量

本章的调节变量为管理者能力和高管团队异质性。首先，企业的管理者作为一级代理人，在企业管理和运营过程中起着举足轻重的作用，能够有效提高企业的运行效率。习近平总书记也多次强调企业家精神的重要作用，在现代股份制企业中，管理者能力是企业的宝贵财富，直接决定了企业整体运行效率的高低。鉴于此，如何测度管理者能力值得探究。本章借鉴张路等（2021）的思想，结合数据包络分析方法（DEA）和Tobit模型建立两阶段模型计算企业的管理者能力（MA），相关步骤如下：

第一步，通过模型（2-1）分别计算分行业分企业的运营效率（Score）。参考Demerjian等（2012）将固定资产净额（PPE）、无形资产净额（Intan）、商誉（Goodwill）、研发支出（R&D）、营业成本（COGS）、销售与管理费用（SG & A）作为投入变量，营业收入（Sales）为唯一产出变量，运用 DEA 得企业效率值。

$$\max\_Score = \frac{sales_t}{v_1 PPE_t + v_2 lntan_t + v_3 Goodwill + v_4 R\&Dt + v_5 COGS_t + v_6 SG\&A_t} \quad (2-1)$$

第二步，通过模型（2-2）计算管理者能力（MA）。由于通过模型（2-1）得到的企业效率值（Score），其影响因素分别包括企业层面和管理者层面。那么，采用模型（2-2）分行业对企业效率与企业层面若干因素进行回归，其中控制了年度效应，通过分离所得到的残差 ε 便是管理者能力（MA）。

$$Tobit(Score) = \alpha_0 + \alpha_1 size_t + \alpha_2 ms_t + \alpha_3 fcf_t + \alpha_4 age_t + \alpha_5 fci_t + \alpha_6 div_t + \sum year + \varepsilon_t \quad (2-2)$$

模型（2-2）中控制的企业层面因素主要包括企业规模（size）、市场份额（ms）、自由现金流（fcf）、成立年限（age）、国际化程度（fci）和多元化程度（div）。其中，Score 为模型（2-1）的企业运行效率，企业规模采用企业资产总额取自然对数形式；市场份额采用企业营业收入在行业营业收入中的占比；企业自由现金流水平为 0 和 1 赋值，为正取 1，反之取值为 0；企业成立年限采用企业成立年限加 1 后取自然对数形式；国际化程度采用海外销售收入与营业收入占比；多元化程度采用企业各业务部门收入占企业总收入的平方和比例定义。

其次，关于高管团队异质性这一调节变量。高管团队异质性所包含的内容是十分丰富的，本章研究中主要选取了人口统计特征这一个角度，分别探讨了年龄异质性、性别异质性、教育背景异质性、职业背景异质性对企业创新的影响。其中，年龄异质性是指高管团队在年龄方面的差异程度，本章用高管年龄的标准差除以均值所得变异系数来度量高管团队年龄的异质程度；性别异质性采用 Herfindal - Hirschman 指数法度量，男性取值为 1，女性取值为 0；教育背景异质性是指受教育程度的差异，选取高管团队成员的学历教育水平来度量教育水平异质性，借鉴（谢凤华等，2008；孙玥璠等，2019）的做法，本章对受教育水平被划分为五个等级：高中及以下、大学专科、本科、硕士、博士及以上，并分别取值 1、2、3、4 和 5，采用

Herfindal – Hirschman指数法度量高管教育水平；职业背景异质性指职业背景的差异性，高管的职业背景分别赋值为 1 = 生产，2 = 研发，3 = 设计，4 = 人力资源，5 = 管理，6 = 市场，7 = 金融，8 = 财务，9 = 法律，99 = 其他或不明确方向，计算每种职业背景比例并取平方。

4. 控制变量

借鉴孟庆斌、师倩（2017）等的研究，本章在回归分析中选择影响企业创新的控制变量主要包括以下几个方面：（1）代表企业特征的变量：企业成立年限（lnage），该变量以企业至今成立年限取对数进行衡量；企业规模（size）；代表偿债能力的指标：营业收入增长率（Growth）；托宾 Q 值（tobin）。（2）代表公司治理的变量：股权集中度指标（top1），该变量以第一大股东持股比例衡量。此外我们还控制了行业固定效应和年份固定效应。相关变量的指标说明如表 2 – 1 所示。

表 2 – 1   相关变量的设定与赋值

变量	变量属性	定义与度量
RD 企业创新	被解释变量	企业研发投入 + 1 取对数
Apply 企业创新		专利申请数 + 1 取对数
Digital 数字经济发展	解释变量	主成分分析法和熵值法构建的省级层面数字经济水平指标
MA 管理者能力	调节变量	采用 DEA – tobit 模型测度管理者能力
heter 高管团队异质性		采用 Herfindal – Hirschman 指数法测度高管团队异质性
lnage 企业成立年限	控制变量	企业至今成立时间取对数
size 企业规模		企业总资产取对数
Growth 营业收入增长率		营业收入的年度增长率
top1 股权集中度		第一大股东持股比例
Tobin 托宾 Q 值		托宾 Q 值
govcon2_p 企业性质		国企 = 1，民企 = 0
lnpgdp 地区经济发展水平		地区人均 GDP 取自然对数

资料来源：笔者整理。

2.3.3　模型构建

第一步，先验证数字经济发展与企业创新之间的关系，构建如下模型：

$$\text{innov}_{i,t} = \alpha_0 + \alpha_1 \text{Digital}_{it} + \sum \alpha_j \text{control}_{i,t} + \sum \text{year} + \sum \text{ind} + \varepsilon_{i,t} \tag{2-3}$$

第二步,检验管理者能力、高管团队异质性对数字经济与企业创新关系的调节效应,所以构建如下模型:

$$\begin{aligned}\text{innov}_{i,t} = & \beta_0 + \beta_{j1} \text{MA}_{it} + \beta_{j2} \text{Digital}_{it} + \beta_{j3} \text{shuzi}_{it} \times \text{MA}_{it} \\ & + \gamma \sum \alpha_j \text{control}_{i,t} + \sum \text{year} + \sum \text{ind} + \varepsilon_{i,t}\end{aligned} \tag{2-4}$$

$$\begin{aligned}\text{innov}_{i,t} = & \beta_0 + \beta_{j1} \text{heter}_{it} + \beta_{j2} \text{Digital}_{it} + \beta_{j3} \text{Digital}_{it} \times \text{heter}_{it} \\ & + \gamma \sum \alpha_j \text{control}_{i,t} + \sum \text{year} + \sum \text{ind} + \varepsilon_{i,t}\end{aligned} \tag{2-5}$$

其中:i 代表公司,t 代表年份;被解释变量 innov 表示企业创新水平;数字经济发展 Digital 为核心解释变量,调节变量 MA 表示企业管理者能力、heter 表示高管团队异质性;Controls 代表控制变量,包括公司上市年限(age)、企业规模(size)、营业收入增长率(growth)、托宾 Q 值(tobin)、股权集中度(top1)、企业性质(govcon2_p)等;ind 以及 year 分别表示行业与年份效应,α_0 和 β_0 表示为截距项,ε 为随机干扰项。

2.4 实证检验与结果分析

2.4.1 变量描述性统计

本章用到的主要变量描述性统计特征如表 2-2 所示。从统计结果中可以看出,我国非金融上市企业创新水平(RD)的平均值为 17.8877,中位数为 17.7881,相比早期的研究有不同程度的提升。数字经济发展水平(Digital)的平均值为 0.4673,最小值为 0.0645,最大值为 0.9204,说明不同区域间的数字经济的发展水平存在一定的差异性。企业管理者能力(MA)均值为 2.3924,标准差为 1.0658,最小值 1,最大值 4,说明不同企业间的管理者能力存在较大的差异性。关于高管团队异质性指标,从标准差和最值可以看出,高管团队性别异质性和教育背景异质性存在一定的差异性。其他相关控制变量的统计结果与既有研究基本一致,此处不再详细说明,具体描述性统计结果如表 2-2 所示。

表 2-2　　　　　　　　主要变量的基本统计特征

变量	符号	平均值	标准差	最小值	中位数	最大值
企业创新1	RD	17.8877	1.2321	14.8592	17.7881	21.6254
企业创新2	Apply	3.7297	2.1569	0.0000	4.1109	8.3156
数字经济1	Digital1	0.1965	0.1194	0.0427	0.1668	0.5522
数字经济2	Digital2	1.1917	1.2066	-0.7064	0.9085	4.0326
管理者能力1	MA	2.3924	1.0658	1.0000	2.0000	4.0000
管理者能力2	MA_Score	-0.0170	0.1387	-0.4481	-0.0360	0.4560
高管性别异质性	gendth	0.2326	0.1850	0.0000	0.2778	0.5000
高管教育背景异质性	eduth	0.4745	0.1890	0.0000	0.5000	0.7347
托宾Q	tobin	2.1085	1.1464	0.9161	1.7457	7.0665
营业收入增长率	Growth	0.2347	0.3357	-0.1692	0.1270	1.8246
企业成立年限	lnage	1.7157	0.8964	0.0000	1.7918	3.1781
企业规模	size	21.9027	1.2056	19.9967	21.7056	26.0191
股权集中度	top1	0.3423	0.1415	0.0879	0.3279	0.7298
企业性质	govcon2_p	0.0879	0.2832	0.0000	0.0000	1.0000

资料来源：笔者计算。

2.4.2　数字经济对企业创新影响的基准回归结果

表 2-3 报告了数字经济与企业创新的基准回归结果。表 2-3 中模型（1）只控制了变量数字经济（Digital），结果表明数字经济（Digital）的回归系数为 2.4260，并且在 1% 的水平上显著为正，这表明数字经济水平的提高，显著提高了企业参与技术创新的可能性，也就是说数字经济的发展能够促进企业创新，就此证明了本章研究假说 1。在控制企业产权性质、年份固定效应以及行业固定效应之后，从模型（2）中可以看到，数字经济发展（Digital）的回归系数为 2.3911，依然在 1% 的水平上显著为正，表明数字经济发展仍然显著促进了企业创新。数字经济发展对于企业进行创新具有很强的激励作用，可以促使在传统经济下因信息不透明或融资困难的企业较快的获得资金方面的支持，进而促进了企业创新（党琳等，2021）。为了得到更为稳健性的结果，我们采用逐步加入控制变量的方式进行回归检验。通过回归结果可以看出，在逐步加入上市年限（age）、企业规模（size）、营业收入增长率

(growth)、托宾 Q 值（tobin）、股权集中度（top1）以及企业性质（govcon2_p）之后，数字经济发展（Digital）的回归系数始终显著为正，结果如表 2-3 模型（3）—模型（7）所示。

表 2-3　　　　　数字经济与企业创新的基准回归结果

变量	(1) RD	(2) RD	(3) RD	(4) RD	(5) RD	(6) RD	(7) RD
Digital	2.4260*** (53.2130)	2.3911*** (52.9865)	1.6429*** (21.2486)	0.6147*** (8.3607)	0.5781*** (7.9984)	0.6051*** (8.2498)	0.5903*** (7.9664)
govcon2_p	—	0.1240*** (4.2395)	0.1353*** (4.6769)	0.0290 (1.1252)	0.0158 (0.6217)	0.0219 (0.8468)	0.0226 (0.8760)
lnage	—	—	0.2704*** (11.8445)	0.0814*** (3.9047)	-0.0174 (-0.8076)	-0.0284 (-1.2608)	-0.0316 (-1.3955)
size	—	—	—	0.6548*** (39.0153)	0.7571*** (42.1439)	0.7578*** (39.6874)	0.7568*** (39.6073)
Growth	—	—	—	—	-0.2452*** (-14.3454)	-0.2449*** (-13.8397)	-0.2473*** (-13.9110)
tobin	—	—	—	—	—	0.0127** (2.2671)	0.0121** (2.1591)
top1	—	—	—	—	—	—	-0.1614 (-1.3968)
_cons	16.7542*** (767.9662)	16.1472*** (32.9620)	16.0321*** (33.1210)	2.6067*** (4.7352)	0.7745 (1.3937)	0.9448 (1.6407)	1.0265* (1.7735)
年份效应	控制	控制	控制	控制	控制	控制	控制
行业效应	控制	控制	控制	控制	控制	控制	控制
N	7700	7700	7700	7700	7700	7700	7700
r2_w	0.3319	0.3661	0.3814	0.5126	0.5298	0.5273	0.5275

注：***、**、*分别表示在1%、5%、10%的水平上显著，括号内为系统标准误差。
资料来源：笔者计算。

2.4.3　数字经济对企业创新作用的机制分析

众多研究表明，数字经济可以提升企业融资能力（Coles et al., 2006）。为进一步分析融资约束异质性条件下数字经济对企业创新的影响是否存在差异，本章参考 Hadlock 和 Pierce（2010）、万佳或等（2020）的做法，利用

$SA = -0.737 \times \text{size} + 0.043 \times \text{size}^2 - 0.04 \times \text{age}$ 来测度企业的融资约束,并且按照企业样本值中位数进行分组,分为强融资约束企业和弱融资约束企业进行估计,回归结果见表2-4中列(1)—列(3)。通过列(1)可以看出,在全样本企业中,数字经济(Digital)对企业创新的回归结果依然在1%水平上显著为正,融资约束(sa)对企业创新的影响在1%的水平上显著为负,说明融资约束是抑制企业创新的重要因素之一。在分样本回归中,与面临弱融资约束的企业相比,数字经济对强融资约束的企业带来的影响更大,在促进强融资约束的企业创新效果上表现得更显著。

表2-4　　　　　　　　　　融资约束异质性

变量	全样本企业 (1) RD	弱融资约束组 (2) RD	强融资约束组 (3) RD
Digital	0.2977** (2.1463)	0.4573*** (3.5815)	0.8182*** (4.9996)
sa	-0.7371*** (-3.0309)	—	—
控制变量	控制	控制	控制
年份效应	控制	控制	控制
行业效应	控制	控制	控制
N	7700	3828	3872
r2_w	0.5296	0.5252	0.3713

注：***、**、*分别表示在1%、5%、10%的水平上显著,括号内为系统标准误差。
资料来源：笔者计算。

2.4.4　管理者能力对数字经济发展与企业创新关系调节效应的估计结果

前面我们已经讨论了数字经济发展对企业创新的促进作用,在逐步加入控制变量后依然显示数字经济发展(Digital)的回归系数在1%的水平上显著为正。下面我们将进一步探究如下问题：企业的主观行为是否会影响数字经济作用的发挥呢？结果发现企业管理者能力在其中承担着调节作用,那么数字经济发展对企业创新的影响是否会随着管理者能力水平的提升而提高呢？

通过表2-5第（2）列的回归结果可以看到，当企业管理者能力（MA）单独加入模型中时，对企业创新的影响显著为负，说明企业管理者能力抑制了企业创新。从第（3）列中可以看到数字经济中发展（Digital）与管理者能力（MA）的交叉项显著为正，说明整体而言，管理者能力（MA）强化了数字经济对企业创新的正向影响。企业管理者能力较低时，数字经济发挥的积极作用不明显，但是随着企业管理者能力的提高，数字经济发挥的积极作用逐渐提高，这表明数字经济和管理者能力两者在企业创新方面具有明显的替代关系。

表2-5　　　　数字经济、管理者能力与企业创新

变量	(1) RD	(2) RD	(3) RD
Digital	0.5903*** (5.7786)	0.6056*** (5.9035)	0.4308*** (3.4665)
MA	—	-0.0237** (-2.0497)	-0.0618** (-2.5328)
Digital × MA	—	—	0.0815* (1.8895)
控制变量	控制	控制	控制
年份效应	控制	控制	控制
行业效应	控制	控制	控制
N	7700	7700	7700
r2_w	0.5275	0.5281	0.5287

注：***、**、*分别表示在1%、5%、10%的水平上显著，括号内为系统标准误差。
资料来源：笔者计算。

2.4.5　高管团队异质性对数字经济发展与企业创新关系调节效应的估计结果

接下来，本章引入高管团队异质性作为调节变量，重新对模型进行回归。以便检验高管团队异质性对企业创新的影响作用，以及高管团队异质性在数字经济与企业创新之间的调节作用，回归结果如表2-6所示。第（1）列和第（3）列为单独加入高管团队性别异质性变量的结果。从表2-6第（1）列可以看出，高管团队性别异质性与企业创新显著负相关，回归系数为-0.0678，

并在1%水平上显著为负;从第(3)列可以看出,高管团队教育背景异质性与企业创新显著正相关,回归系数为0.0570,并在10%水平上显著为正。从表2-6第(2)列可以看出,在加入数字经济与高管团队性别异质性的交互项后,数字经济的回归系数仍然在1%的水平上显著为正,数字经济与高管团队性别异质性的交互项在1%的水平上显著为负。从表2-6第(4)列可以看出,在加入数字经济与高管团队教育背景异质性的交互项后,数字经济的回归系数仍然在1%的水平上显著为正,数字经济与高管团队教育背景异质性的交互项在10%的水平上显著为正。

表2-6 数字经济、高管团队异质性与企业创新回归结果

变量	(1)	(2)	(3)	(4)
Digital	0.6521 *** (2.8362)	1.3520 *** (4.5532)	0.6399 *** (2.7792)	0.9527 *** (0.2391)
gendth	−0.0678 *** (−0.6047)	−0.5000 *** (2.6394)		
gendth × Digital1		−2.8933 *** (−3.7168)		
eduth			0.0570 * (0.5590)	0.2653 ** (1.5151)
eduth × Digital				1.6073 ** (2.2620)
控制变量	控制	控制	控制	控制
年份效应	控制	控制	控制	控制
行业效应	控制	控制	控制	控制
N	7700	7700	7700	7700
r2_w	0.0957	0.0969	0.0920	0.0928

注:***、**、*分别表示在1%、5%、10%的水平上显著,括号内为系统标准误差。

2.5 稳健性检验

2.5.1 替换被解释变量

在基准回归模型中企业创新采用的是企业研发投入这一指标,本部分稳

健性检验中借鉴贾俊生和王玉婷（2021）的做法，采用专利申请总量这一指标替换被解释变量，对回归模型进行重新估计，回归结果如表2-7所示。模型（1）只控制了数字经济（Digital）这一变量，从结果中可以看出回归系数在1%水平上显著为正，这说明数字经济发展的确会显著提升企业创新水平。在控制企业性质、地区效应和年份效应后，模型（2）的回归结果依然显示数字经济发展对企业创新具有显著的促进作用。为了得到更稳健的结果，本章通过逐步加入控制变量的方法进行回归。可以看到，在逐步控制企业特征、公司治理变量以及地区发展水平变量后，数字经济（Digital）系数始终在1%的水平上显著为正，再次验证了本章的结论。

表 2-7　　　　　　　　换成专利申请总量

变量	(1) apply	(2) apply	(3) apply	(4) apply	(5) apply	(6) apply	(7) apply
Digital	2.3993 *** (17.5654)	2.3850 *** (17.3074)	1.7255 *** (7.2269)	0.9919 *** (3.9001)	0.9851 *** (3.8706)	1.0335 *** (4.0190)	0.9885 *** (3.8048)
govcon2_p	—	0.1461 (1.6349)	0.1559 * (1.7462)	0.0802 (0.8977)	0.0781 (0.8736)	0.0850 (0.9384)	0.0873 (0.9636)
lnage	—	—	0.2383 *** (3.3802)	0.1034 (1.4348)	0.0881 (1.1580)	-0.0113 (-0.1425)	-0.0210 (-0.2642)
size	—	—	—	0.4673 *** (8.0474)	0.4835 *** (7.6427)	0.5661 *** (8.4572)	0.5630 *** (8.4044)
Growth	—	—	—	—	-0.0391 (-0.6496)	-0.0807 (-1.3016)	-0.0880 (-1.4114)
tobin	—	—	—	—	—	0.0810 *** (4.1238)	0.0793 *** (4.0242)
top1	—	—	—	—	—	—	-0.4910 (-1.2122)
_cons	2.6086 *** (39.9098)	3.5603 ** (2.3800)	3.4589 ** (2.3139)	-6.1205 *** (-3.2139)	-6.4111 *** (-3.2762)	-7.9420 *** (-3.9339)	-7.6935 *** (-3.7914)
年份效应	控制	控制	控制	控制	控制	控制	控制
行业效应	控制	控制	控制	控制	控制	控制	控制
N	7700	7700	7700	7700	7700	7700	7700
r2_w	0.0514	0.0649	0.0668	0.0774	0.0774	0.0804	0.0806

注：***、**、*分别表示在1%、5%、10%的水平上显著，括号内为系统标准误差。
资料来源：笔者计算。

2.5.2 替换解释变量

在基准模型中数字经济采用的是熵值法构建的省级层面的数字经济发展水平，本部分采用主成分法构建的数字经济发展水平对模型进行重新估计。回归结果如表2-8所示。从表2-8第（1）列和第（2）列可以看出，不管是否控制行业效应和年份效应，利用主成分分析法计算得出的数字经济的回归系数仍然在1%的水平上显著为正，说明数字经济发展的确会显著提升企业创新水平。通过替换解释变量再次验证了本章的结论。

表2-8　数字经济与企业创新回归结果

变量	（1）	（2）
Digital2	0.1014 *** (3.5586)	0.0933 *** (3.3628)
控制变量	控制	控制
年份效应	不控制	控制
行业效应	不控制	控制
N	7700	7700
r2_w	0.0880	0.0856

注：***、**、*分别表示在1%、5%和10%水平下显著，括号内系标准稳健误差。

2.5.3 替换调节变量

在基准模型中，我们采用的管理者能力是利用DEA-Tobit模型回归后，将回归残差从小到大分成四组记作的管理者能力（MA）。为了进一步验证管理者能力调节效应的稳健性，本部分借鉴（张路等，2021）的思想，采用DEA数据包络分析法分析计算得出的企业效率值（Score）后，再建立tobit模型分行业并控制年度对企业效率与企业层面的因素进行回归，分离所得残差记做管理者能力（MA_Score），重新检验管理者能力的调节作用，回归结果如表2-9所示。通过表2-9第（2）列的回归结果可以看到，当企业管理者能力（MA_Score）单独加入模型中时，对企业创新的影响显著为负，说明企业管理者能力抑制了企业创新。从第（3）列中可以看到数字经济中发展

（Digital）与管理者能力（MA）的交叉项依然为正，说明整体而言，管理者能力（MA）强化了数字经济对企业创新的正向影响，进一步验证了管理者能力的调节效应。

表2-9　　　　　　　　　管理者能力的调节效应

变量	(1) RD	(2) RD	(3) RD
Digital	0.5903*** (5.7786)	0.6117*** (5.9771)	0.6396*** (5.9387)
MA_Score	—	-0.2863** (-2.4000)	-0.5575** (-2.4861)
Digital × MA	—	—	0.5898 (1.5536)
控制变量	控制	控制	控制
年份行业	控制	控制	控制
行业效应	YES	YES	YES
N	7700	7700	7700
r2_w	0.5275	0.5286	0.5291

注：***、**、*分别表示在1%、5%、10%的水平上显著，括号内为系统标准误差。
资料来源：笔者计算。

2.5.4　异质性分析

1. 数字经济、不同规模与企业创新

在传统经济中，小微企业通常面临透明度较低、融资约束强等难题，加之信息披露制度的不健全，这一系列因素均阻碍了小微企业的创新和发展。而小微企业作为"万众创新"政策下最重要的群体，其创新和发展对宏观层面和微观层面都起着至关重要的作用。数字经济的发展使整个市场的透明度更强，倒逼企业进行创新以应对市场的变化，同时也为企业创新提供了更新的条件和手段。相比于传统经济下更受青睐的大型企业，数字经济的发展为小微企业带来了福音。本章将非金融上市企业按照资产规模的1/4、2/4、3/4、1分位数将企业划分成四个等级，并取两端的1/4和3/4分位数以上的上市企业作为研究样本分别进行回归，回归结果如表 2-10 所示。通过比较表 2-10 的第（1）列和第（2）列，可以看出数字经济对小型企业和大型企业创新均具有显著的促进作用，且促进作用在大型企业中更为显著，未来数字经济发展应继续向小微企业倾斜。

表 2-10　　　　　　　　企业规模异质性的回归结果

变量	（1）	（2）
	小规模企业	大规模企业
Digital	0.4709** (2.1719)	1.1127*** (4.0964)
控制变量	控制	控制
年份效应	控制	控制
行业效应	控制	控制
N	1916	1935
r2_w	0.4854	0.2539

注：***、**、* 分别表示在1%、5%、10%的水平上显著，括号内为系统标准误差。
资料来源：笔者计算。

2. 数字经济、区域发展和企业创新

我国东、中、西部地区发展水平存在显著差异，经济发展水平较低的区域，容易受到融资约束的限制，企业发展和创新较容易受到抑制。数字经济的发展能够缓解这一融资约束，从而促进企业创新。因此，为了验证回归结果的稳健性，本章进一步考察数字经济对企业创新的影响在不同区域间是否存在异质性。本章将所有样本对东、中、西部企业分别进行分样本回归，从表 2-11 第（1）—（3）列可以看出，东、中部地区的数字经济指标对企业创新显著水平比西部地区显著，而从回归系数来看中西部企业组要高于东部企业组，说明数字经济发展在不同区域间具有明显的异质性，数字经济对中、西部企业创新激励作用更大。由于东、西部地区经济发展水平以及面临的竞争环境均有所不同，可能导致不同的数字经济发展水平在区域之间产生的效果存在显著的差异，得益于数字经济的发展，中、西部地区的企业可以顺利实现创新。

表 2-11　　企业区域异质性的回归结果

变量	(1) 东部	(2) 中部	(3) 西部
Digital	0.5072 *** (8.0891)	1.0625 *** (4.2981)	0.6798 ** (2.1554)
控制变量	控制	控制	控制
年份效应	控制	控制	控制
行业效应	控制	控制	控制
N	5737	1163	800
r2_w	0.5357	0.5901	0.3814

注：***、**、* 分别表示在1%、5%、10%的水平上显著，括号内为系统标准误差。
资料来源：笔者计算。

3. 数字经济、产权性质和企业创新

前文已经分析了数字经济对企业创新的影响，但企业作为创新的主体其创新行为不仅与宏观因素有关，也有企业自身的特征密切相关。因此，为了进一步分析企业特征对数字经济与企业创新激励的异质性影响，本部分考察数字经济对企业创新的影响是否在不同产权性质的企业存在差异性。基于产权性质的检验主要通过对样本企业按实际控制人性质进行划分，分别利用模型进行回归，结果如表 2-12 所示。从回归结果中可以看出，相较于国有企业，非国有企业组的数字经济对企业创新的影响系数更大且更显著，这表明数字经济在促进企业创新的过程中，非国有企业边际效应更强。

表 2-12　　企业所有权异质性的回归结果

变量	(1) 非国有企业	(2) 国有企业
Digital	0.5950 *** (14.2598)	0.4127 ** (2.1700)
控制变量	控制	控制
年份效应	控制	控制
行业效应	控制	控制
N	7025	675

注：***、**、* 分别表示在1%、5%、10%的水平上显著，括号内为系统标准误差。
资料来源：笔者计算。

2.6 本章小结

本章基于 2011—2019 年中国城市层面的面板数据,首先通过熵值法和主成分分析法构建数字经济指数,并与沪深 A 股上市公司数据进行匹配,以检验数字经济对企业创新的影响。其次,运用 DEA – Tobit 两阶段模型衡量管理者能力,通过 Herfindal – Hirschman 指数法构建高管团队异质性指标,检验管理者能力以及高管团队异质性在数字经济与企业创新之间的调节作用。研究结果表明,数字经济与企业技术创新显著正相关,即数字经济的发展有助于提高企业创新能力,管理者能力在数字经济与企业创新之间具有负向调节作用。而高管团队异质性对该作用影响呈现差异性。其中,性别异质性具有负向调节作用,教育背景异质性具有正向调节作用,稳健性检验进一步发现,数字经济发展对面临强融资约束的企业、大型企业、中西部企业以及民营企业的创新能力促进效果更显著。本章研究内容为推动企业数字化转型以及激励企业创新提供了理论支撑,也为我国的数字经济发展提供了一定理论借鉴和参考。

数字经济赋能企业创新的机制设计应顺应"十四五"时期高质量发展的政策指向。近年来,关注数字经济发展与企业发展的研究越来越多,然而基于企业管理者能力的调节方面的关注相对较少,实证研究更是少见。本章将宏观和微观层面进行匹配,提出基于企业管理者能力的调节机制,研究数字经济赋能企业创新的应对之策。结合本章研究结论,主要得出以下政策性启示:(1)要大力发展数字经济,积极提高数字经济的发展水平,资金供给端能够通过数字化技术的信贷筛选机制疏通企业的信贷融资渠道,缓解融资约束,加快企业创新转型。(2)企业应当正视管理者能力的存在可能对企业创新带来的负面影响,优化调整管理团队组成,正向引导企业管理者发挥其优势。(3)在数字经济发展背景下,为企业提供相关金融服务时,需要针对性地选择目标群体,对小微企业、欠发达地区的企业要给予充分的支持和帮助,实现精准对接和服务,与此同时也要做好相应好的信息搜寻和整理,保证信息的准确性和真实性,避免出现金融风险。(4)企业应当正视高管团队异质性存在可能对企业创新带来的异质性影响,优化调整高管团队的性别组成,更好地发挥女性管理方面的优势。最后,企业在创新发展过程中,要高度重视高管团队差别化的教育背景,更有利于形成集思广益、百家争鸣的局面,以适应复杂多变的外部环境,对企业创新有显著的促进作用。(5)企业作为市场经济的重要组成部分,在面对融资约束和信贷困难时,要主动披露相关信息和寻求服务,用前瞻性的眼光看待技术创新,搭乘高质量发展的列车努力实现技术创新,尽快实现转型升级,才能实现更长远的发展。

第3章

数字金融与企业创新

本章通过理论机制和实证分析探讨新发展格局下数字金融与企业创新之间的关系，并对高管团队异质性在数字金融与企业创新之间发挥的作用机制展开研究。研究结果表明，数字金融和覆盖广度、使用深度、数字支持服务程度三个维度均会显著提高企业创新水平，而高管团队年龄、性别、教育背景以及职业背景方面的异质性对该作用影响呈现差异性。其中，年龄和职业背景异质性具有正向调节作用，而性别和教育背景异质性具有负向调节作用，稳健性检验进一步验证了结论。本章内容丰富了数字金融影响企业创新的相关研究，并为金融市场如何更好地服务实体经济提供了理论依据和政策参考。

3.1 引　　言

党的十九届五中全会指出"坚持创新驱动发展，提升企业技术创新能力"。创新驱动内涵式增长，已然成为经济高质量发展的重要抓手（张军扩等，2019）。然而我国的企业自主创新能力依然不足，"量大质低""策略性迎合"问题广泛存在（黎文靖和郑曼妮，2016；张杰等，2016）。当前我国面临百年未有之大变局，新冠肺炎疫情、中美贸易摩擦等"黑天鹅"事件频发，企业的生存发展面临前所未有的挑战，作为提升核心竞争力的重要方式，企业技术创新成为当务之急。金融作为企业创新环境的核心组成部分，其有效供给将直接影响创新活动（贾俊生等，2016；Hsu et al.，2014）。随着数字技术兴起，数字金融作为一种新型金融服务模式（郭峰等，2020），为解决企业创新难题迎来契机（唐松等，2020）。若能结合机器学习等技术分析数字金融驱动企业的创新问题，弥补传统金融的信息成本和融资约束等痛点，将会为高质量发展背景下推进创新提供理论和经验支撑，为我国提升自主创新能力提供参考依据。

Schumpeter（1912）最早提出"创新"概念，并对金融发展与企业创新进行初探，此后众多学者探索了企业创新能力和创新绩效影响（Guzman，2000；郭进和白俊红，2019）。近年来围绕企业创新的研究大多在探讨其影响因素，既有宏观层面的金融发展、产业政策、制度环境（解维敏和方红星，2011；余明桂等，2016；李春涛等，2020；Dosi et al.，2006；Hsu et al.，2014），也包括企业规模、公司治理、社会关系等微观因素（周黎安和罗凯，

2005；李春涛和宋敏，2010；申宇等，2017；Hirshleifer et al.，2012），其中金融发展与企业创新的关系一直是研究热点之一。数字化背景下快速兴起的数字金融区别于传统金融最明显的特征是"技术化"，现有研究一方面从数字金融的发展现状（Kapoor A，2013；Guo F et al.，2016）、影响因素（葛和平和朱卉雯，2018）、风险识别与监管（谢平和邹传伟，2012）等方面进行纯理论探讨，另一方面对数字金融如何影响经济增长（李乐和周林毅，2018）、全要素生产率（唐松等，2019）等宏观层面进行实证分析。然而，数字金融与企业创新方面的文献相对较少，为我们提供了研究的空间。

已有研究表明，根据高阶梯队理论，高管团队的异质性对企业创新有一定影响（韩忠雪等，2014；谢凤华等，2008），且不同特征的异质性作用机制不同，但高管团队异质性在数字金融与企业创新之间的调节作用并未引起足够关注。基于此，本文以数字金融发展为背景，重点关注数字金融与企业创新之间的关系，并试图探索高管团队异质性对数字金融与企业创新之关系之间的调节作用。本文试图回答如下问题：数字金融的出现是否促进了企业创新？数字金融哪个层面促进企业创新效果最显著？高管团队各指标的异质性是否对数字金融的促进作用有影响？如果有影响，是促进作用还是抑制作用呢？

3.2 理论机制与研究假设

3.2.1 数字金融与企业创新

阻碍企业创新发展的困境主要源于信息不对称和风险管理上的不相容，导致融资困难（Stiglitz，1981）。"Macmillan 缺口"被视为最早提出中小企业贷款的假说（Macmillan，1931）。金融发展的基础内核是解决企业的融资可得性，这直接受信息和交易成本的约束（解维敏和方红星，2011；Hsu et al.，2014）。传统融资模式下，银企间信息不对称和信贷歧视现象，大大提高了中小企业的融资成本（林毅夫和李永军，2001；尹志超和甘犁，2011；Allen，2006；Angus，2013）。技术进步可以突破空间障碍，降低信息成本（Mishkin & Strahan，1999）。互联网金融始自1998年12月美国的PayPal，其可以利用大数据的优势降低信息不对称，提高企业征信水平，改进了资金配置效率（谢平和邹传伟，2012；姚耀军和董钢锋，2015；王馨，2015；桂玉敏，2020；Merton & Bodie，1993；Uzzi & Gillespie，2002）。数字普惠金融相对互联网金融而言，更强调数字技术的应用和普惠的核心价值（黄益平和黄卓，2018），目前有关数字普惠金融与企业创新的研究相对较少，主要讨论缓解企业融资约束问题（吴慧慧，2020；郑祖昀等，2021；黄国平，2021；Berger et al.，2019；吴倩，2020；Shahrokhi，2008；Jagtiani & Lemieux，2018）。数字普惠金融强调数字技术的应用和普惠的核心价值，最早将其定义为"银行业的专业经验与现代管理科学与计算机技术的结合"（Bettinger，1972），之后美国银行业杂志和国际金融稳定委员也相继做了界定（Arner et al.，2015；Carney，2017；FSB，2017）。

中国于 2016 年 G20 杭州峰会上首次提出了数字普惠金融概念，此后学术界开始转向关于数字普惠金融的影响研究（郭峰和熊云军，2021）。围绕数字普惠金融的影响研究主要有三个层面：宏观层面包括经济增长、城乡收入差距、经济高质量发展、贫富差距、宏观政策等（宋晓玲，2017；李乐和周林毅，2018；潘锡泉，2019；薛莹和胡坚，2020；Aghion & Hauswald，2008；Mishra & Montiel，2013；Kapoor，2013；Li et al.，2020），中观层面包括区域发展、全要素生产率、产业结构升级等（侯层和李北伟，2019；唐文进等，2019；张正平和王琼；2021；谭蓉娟和卢祺源，2021；Marco & Thomas，2002；Wurgle，2020），微观层面包括居民收入和消费、居民创业、企业融资和创新等（杨伟明等，2020；易行健和周利，2018；唐松等，2020；万佳彧等，2020；Lin et al.，2013；Fuster et al.，2019）。

金融发展的基础内核是解决企业的融资可得性，这直接受信息和交易成本的约束，进而影响企业创新（解维敏和方红星，2011；王贞洁，2016；Levine，1997；Hsu et al.，2014）。经过学者们从专业化、激励机制、风险管理等理论层面阐述金融之于创新的作用（Hicks，1969；Morales，2003；Chowdhurya & Maung，2012），金融发展对企业创新的影响逐渐引起关注，并逐步拓展到实证层面。一系列研究表明我国金融体系发展不完善且以间接融资为主，传统金融因结构性问题不利于企业创新（汪伟和潘孝挺，2015；李晓龙，2017；汪洋等，2020），而企业对金融市场环境的需求更为强烈（王霄和张捷，2003；魏志华等，2014）。普惠金融的出现提高了金融服务的可得性和有效性，影响企业创新（邢乐成和王延江，2013；邹伟和凌江怀，2018；Khurana，2006）。随着数字技术和金融服务的深度结合，数字金融对企业创新质量发挥着重要作用（梁华和张建华，2019；万佳彧等，2020）。可以看到，金融改革和发展有利于提高企业研发投入，进而提升企业自主创新能力（王淑娟等，2018）。数字金融区别于传统金融最明显的特征是"技术化"，可以通过对高频数据的深度挖掘以及机器学习等算法，全方位评估企业特征，"精准"扩大服务边界推动企业创新（黄益平和陶坤玉，2019；唐松等，2020；Lin et al.，2013；Fuster et al.，2019），也有助于跟踪和监管企业创新项目进展，并提升政策促进创新激励的有效性（李春涛等，2020）。数字金融能够有效校正传统金融的结构性问题，对企业创新存在结构性驱动效果（唐松等，2020；孙继国等，2020）。据此得到本章研究假说1：

研究假说1：在控制其他因素时，数字金融可以显著促进企业创新。

3.2.2 数字金融、高管团队异质性与企业创新

高管团队异质性主要指高层管理团队在年龄、性别、教育背景、职业背景等方面的多样性（Carpenter & Fredrickson，2001；谢凤华等，2008）。自Hambrick和Mason（1984）提出高阶梯队理论（Upper Echelon Theory）以来，高管团队异质性与企业创新和绩效的关系逐渐引起重视，文中指出内外部环境变动会导致高层管理团队呈现不同特征，进而对团队战略选择具有重要影响，团队战略选择直接影响企业绩效。可见高管团队异质性对于企业的作用不容忽视，众多学者的研究也证实了高管团队异质性会影响企业的创新（任兵等，2011；Hambrick et al.，1996；韩忠雪等，2014）。高管团队成员间的差异作为影响企业创新的内部因素，其可控程度相较于制度环境、产权保护等外部因素要强得多，因此研究高管团队异质性对企业创新的影响机制值得深入探讨，本章分别从高管团队年龄异质性、职业背景异质性、性别异质性以及教育背景异质性进行分析。

首先，高层管理团队年龄的异质性指高层管理团队年龄之间的差异性，差异大的高管团队更容易带来不同的经验、价值观、思维方式，碰撞出不一样的火花（Ryder，1965），而企业创新是需要具有冒险精神的，所以年龄异质性较大将有利于企业创新。诸多文献表明，高管团队平均年龄与企业创新

负相关（王德应和刘渤和，2011），由高管团队年龄异质性的计算公式可以看出，在标准差不变的情况下，高管团队平均年龄越大意味着年龄异质性越小，对企业创新有负向激励作用，反之年龄异质性越大则有利于创新。在高管团队年龄组成中，年轻的高管通常思维较为活跃，在外部环境变化时能够及时做出调整和反应，抓住企业发展机会（孙海法等，2006），而年长的高管们通常具有风险厌恶性的特征，一方面接受新知识的能力有限，另一方面可与追求稳定不愿意承担风险，不利于企业进行创新决策。同样道理，具有丰富职业经历的高管在经营管理和企业创新方面的优势相较于单一化的职业经历明显（赵子夜等，2018；何瑛等，2019）。有些学者还将企业高管年龄和职业背景放在一起研究其与企业创新之间的关系，如 Barker 和 Mueller（2002）指出年轻且具有工程背景的高层管理团队在企业创新方面的促进作用明显。多样化的职业经历在拓展资源和投融资决策行为方面具有不可忽视的影响（Kaplan et al.，2008；Custodio et al.，2017）。高管团队间职业背景差异大，说明团队成员的过往经历较为丰富，要知道企业创新的影响因素众多，职业背景越丰富越能全面掌握相关信息，成员间可以取长补短，针对性的提出建设性的意见，进而能够稳步推动企业创新的实现。

其次，通过相关文献的梳理，我们发现高管团队性别异质性越大，侧面说明高管团队中女性比例较高，而女性高管风险厌恶程度相较于男性高很多，企业创新的高风险性决定了女性高管越多将不利于创新的发生。男性往往过度自信偏好风险（Harris et al.，2006；周业安等，2016），竞争意识和冒险意识相对较强，有些学者指出相较于男性高管，女性高管通常进行更少的债务和收购行为，众多学者也证明女性高管与企业创新之间呈现显著负相关关系（王清和周泽将，2015），这也进一步说明高管团队性别异质性对企业创新具有明显的抑制作用。同样道理，高管团队学历背景异质性越大，说明团队成员间的认知水平差异较大，容易出现认知冲突和情感冲突。学历较高的人具有丰富的知识和阅历，学历较低的高管由于知识的认知度，往往对风险认知较为保守，不愿意进行创新，不同学历之间的高管容易形成冲突和矛盾，沟通成本变高，进而不利于创新（黄越等，2011）。欧阳慧（2003）也指出，高管团队的教育背景异质性不利于企业创新和绩效，两者间存在显著的"区间效应"。中国上市公司的职业背景差异较大（赵子夜等，2018），不同学历之间的知识接受度和研发能力差异较大，在作出创新决策时沟通成本较高。

综合以上分析，我们得出本章研究假说2和研究假说3：

研究假说2：在控制其他因素时，高管团队年龄异质性和职业背景异质性对企业创新具有显著的促进作用。

研究假说3：在控制其他因素时，高管团队性别异质性和教育背景异质性对企业创新具有显著的促进作用。

前面提到数字金融作为一种新型金融服务模式，可以有效校正传统金融机构的结构性问题，为解决企业创新难题迎来契机（唐松等，2020）。鉴于当今社会面临的不确定性越来越大，新冠肺炎疫情、中美贸易摩擦等"黑天鹅"事件频发，企业创新和发展成为重中之重。高管团队年龄差异性较大将会起到事半功倍的效果，不同年龄段的高管可以集思广益，在数字金融的飞速发展下，较年轻的高管们将会顺应时代潮流，搭乘科技和金融服务的列车，对数字金融与企业创新的促进作用起到加速器的效应。根据信息—决策理论，企业管理团队异质性越大越容易形成更广泛的视角和技能，对于问题处理更能形成有效的思路和认识，进而有利于创新。同样道理，职业经历丰富的高层管理团队们会审时度势，充分发挥阅历的丰富性，形成"百花齐放、百家争鸣"的良好氛围，数字金融的产生为高管团队们带来了新的企业发展视角，其在减少交易成本方面具有绝对优势，在缓解融资约束和获取企业创新资金方面的优势凸显。职业背景丰富的高管团队通常敏锐性更强，一方面能够快速精准捕捉到这一优势，另一方面也容易意识到创新的重要性，所以在通过数字金融这一渠道获得资金后，也能够做到将资金投入到研发项目中，进而有利于企业创新。

对于高管团队性别异质性而言，性别异质性越大意味着女性高管相对较多，而女性高管通常厌恶风险且相对保守，不愿背负较高的负债，与此同时接受新生事物的时间也相对较长。我们知道，企业创新往往需要大量资金且风险性较大，而数字金融又作为一种新生事物近年来才进入人们视野，因此高管团队性别差异较高会一定程度上降低数字金融对企业创新的促进作用。对于高管团队教育背景异质性而言，中国上市公司的职业背景差异较大（赵子夜等，2018），不同学历之间的知识接受度和研发能力差异较大，基于数字化和金融服务相结合的数字金融，近几年来才逐渐引起学术界和政策界的关注，学历较低的高管们可能并不能理解和掌握其中的技术和知识，学历高若阅历不够丰富也容易对这种技术服务产生抵触心理。可以发现，教育背景差异性越大，一方面增大了企业创新决策方面的沟通成本，另一方面不利于数字金融这一新生事物在企业创新方面发挥技术优势，进而无法充分发挥数字金融对企业创新的作用。据此得到本章研究假说4和研究假说5：

研究假说4：在控制其他因素时，高管团队年龄异质性和职业背景异质性均强化了数字金融对企业创新的正向激励效果。

研究假说5：在控制其他因素时，高管团队性别异质性和教育背景异质性均弱化了数字金融对企业创新的正向激励效果。

综上所述，本章首先研究数字金融与企业创新的关系，其次探究高管团队异质性在数字金融与企业创新之间的调节效应。具体的研究框架如图3-1所示。

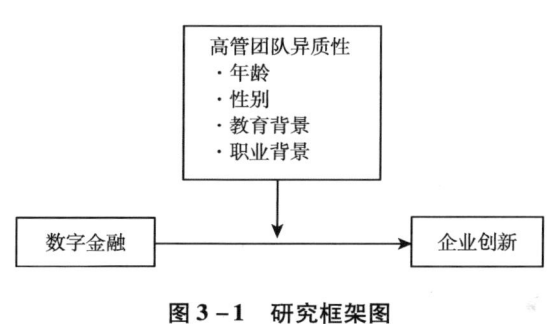

图3-1　研究框架图

3.3　研究设计

3.3.1　数据来源与样本选择

本章选择2011—2019年中国沪深A股上市公司作为样本进行研究。其中，高管团队异质性即高管团队成员在人员背景、认知理念、价值观念以及职业经验等方面的差异，具体涉及年龄、性别、任期、受教育程度等多个维度，数据来自CSMAR、WIND数据库、历年的上市公司年报以及高管简历检索后手工整理并计算所得。数字金融采用北京大学数字金融研究中心编制的省级层面的中国数字普惠金融发展指数。衡量企业创新指标的专利数据来源于国泰安数据库。可以看到，本章对微观层面的上市公司数据和宏观层面的数字金融指数进行合并，所以一定程度上可以缓解部分内生性问题。

借鉴现有文献的做法（顾夏铭等，2018），本章对原始样本进行了如下的清理：（1）由于金融保险类的企业监管制度和报表结构和其他种类的行业相差甚远，因此需要剔除金融保险类行业的企业；（2）因 ST 企业的财务和交易机制出现异常情况，故需要剔除层*ST 以及以前被 ST 的企业样本；（3）剔除相关数据变量指标缺失的企业样本；（4）剔除资产负债率大于100%（即资不抵债的样本）。为了避免异常值对模型回归的影响，本章对所有连续的变量进行了 1% 水平的 Winsor 缩尾处理。实证部分采用 stata15.0 软件对筛选后的 3654 家企业样本进行回归分析。

3.3.2　变量说明

1. 被解释变量

被解释变量为企业创新水平。关于企业创新水平的测度，现有文献主要有投入和产出两种度量方式。本章借鉴顾夏铭等（2018）的研究，采用专利申请总量衡量企业创新。研发产出以专利申请数量衡量，本书手工收集了上市公司的名单以及公司年报，在专利查询系统中①获取每一年度的发明专利、实用新型专利和外观设计专利申请数量。参照 Fang et al.（2014）、Levine et al.（2015）的研究，在稳健性检验中采用发明专利申请数量 +1 取自然对数衡量企业的创新活动。

2. 解释变量

解释变量为数字金融 index。本章采用 2011—2018 年中国省级层面的数字普惠金融指数衡量数字金融发展水平。为进一步探究数字普惠金融的哪一个层面对企业创新产生影响，我们还选用了数字金融的三个维度来构建数字普惠金融体系（包括使用深度 width、覆盖广度 depth 和数字支持服务 digital）（谢绚丽等，2020）。其中，第一个指标覆盖广度，主要根据地区支付宝账户数量编制而成，是数字金融的覆盖人群的评价指标；第二个指标是使用深度，其衡量的是地区实际使用互联网金融服务的频率等；第三个指标是数字支持服务程度，该指数侧重于考察地区数字金融的便利性和效率（指数和各子指

---

① 国家知识产权局专利查询系统：cpquery.sipo.gov.cn。

标缩小100倍)。

3. 调节变量

本章的调节变量设定为高管团队异质性。高管团队异质性所包含的内容是十分丰富的,本章研究中主要选取了人口统计特征这一个角度,分别探讨了年龄异质性、性别异质性、教育背景异质性、职业背景异质性对企业创新的影响。其中,年龄异质性是指高管团队在年龄方面的差异程度,本章用高管年龄的标准差除以均值所得变异系数来度量高管团队年龄的异质程度;性别异质性采用 Herfindal – Hirschman 指数法度量,男性取值为1,女性取值为0;教育背景异质性是指受教育程度的差异,选取高管团队成员的学历教育水平来度量教育水平异质性,借鉴谢凤华等(2008)、孙玥璠等(2019)的做法,本章对受教育水平被划分为五个等级:高中及以下、大学专科、本科、硕士、博士及以上,并分别取值1、2、3、4和5,采用 Herfindal – Hirschman 指数法度量高管教育水平;职业背景异质性指职业背景的差异性,高管的职业背景分别赋值为 1 = 生产,2 = 研发,3 = 设计,4 = 人力资源,5 = 管理,6 = 市场,7 = 金融,8 = 财务,9 = 法律,99 = 其他或不明确方向,计算每种职业背景比例并取平方。

4. 控制变量

借鉴孟庆斌和师倩(2017)等的研究,本章在回归分析中选择影响企业创新的控制变量主要包括以下几个方面:企业规模(size),该变量用企业总资产的自然对数衡量;企业成立年限(age),该变量以企业至今成立年限进行衡量;独立董事比例(Outratio),该变量表示独立董事占总人数的比例;股权集中度指标(top1),该变量以第一大股东持股比例衡量。此外还包括代表偿债能力的指标:营业收入增长率(Growth)等。相关变量说明如表3-1所示。

表3-1 相关变量的设定与赋值

变量	变量属性	定义与度量
patent 企业创新	被解释变量	专利申请数 +1 取对数
RI 企业创新		发明专利申请数 +1 取对数
difi 数字普惠金融总指数	解释变量	北大数字普惠金融总指数
width 覆盖广度指数		账户覆盖率
depth 使用深度指数		支付、信贷、保险、投资、征信业务
digital 数字支持服务指数		便利性、金融服务成本

续表

变量	变量属性	定义与度量
ageth 年龄异质性	调节变量	年龄标准差/年龄均值
gendth 性别异质性	调节变量	$1-[性别^2+(1-性别)^2]$
eduth 教育背景异质性	调节变量	$1-(学历 i^2 加总)$
functh 职业背景异质性	调节变量	$1-(职业背景比例 i^2 加总)$
Size 企业规模	控制变量	总资产的自然对数
age 企业成立年限	控制变量	企业至今成立时间
Growth 营业收入增长率	控制变量	营业收入的年度增长率
Outratio 独事比例	控制变量	独立董事占比
top1 股权结构	控制变量	第一大股东持股比例
Internet 互联网普及率	内生性检验	各省份互联网普及率

3.3.3 模型构建

第一步,先验证数字金融与企业创新之间的关系,构建如下模型:

$$innov_{i,t} = \alpha_0 + \alpha_1 index_{it} + \sum \alpha_j control_{i,t} + \sum year + \sum ind + \varepsilon_{i,t} \quad (3-1)$$

第二步,检验高管团队异质性对数字金融与企业创新关系的调节效应,所以构建如下模型:

$$innov_{i,t} = \beta_0 + \beta_{j1} heter_{it} + \beta_{j2} index_{it} + \beta_{j3} index_{it} \times heter_{it} + \gamma \sum \alpha_j control_{i,t} + \sum year + \sum ind + \varepsilon_{i,t} \quad (3-2)$$

其中:i 代表公司,t 代表年份;被解释变量 innov 表示企业创新水平;数字金融指数 index 为核心解释变量;Controls 代表控制变量,包括企业规模(size)、公司上市年限(age)、企业成长(growth)、独立董事比例(Outratio)、股权结构(top1)等;ind 以及 year 分别表示行业与年份效应,调节变量 heter 表示高管团队异质性,α_0 和 β_0 表示为截距项,ε 为随机干扰项。

3.4 实证检验与结果分析

3.4.1 描述性统计

表 3-2 报告了构建模型所需的变量描述性统计结果。从结果中可以看出，企业创新 patent 的均值和中位数分别为 3.647 和 4.043，最大值和最小值分别为 10.29 和 0，这说明我国各企业之间创新水平差距较大，"量大质低"的问题广泛存在，需要亟须提升企业的整体创新水平。数字普惠金融 difi 的最大值 2.892 和最小值 0.309 差距较大，说明数字金融的发展呈现区域差异性的特征。高管团队异质性指标中，从标准差和最值可以看出，年龄和职业背景的差异性较小，性别和教育背景差异度相对较大。

表 3-2 主要变量的描述性统计结果

变量	平均值	标准差	最小值	中位数	最大值
patent	3.647	2.075	0	4.043	10.29
difi	2.051	0.622	0.309	2.222	2.892
ageth	0.140	0.0515	0.0187	0.133	0.343
gendth	0.238	0.179	0	0.245	0.500
eduth	0.494	0.175	0	0.5	0.780
functh	0.689	0.0840	0	0.704	0.833
size	21.61	0.952	19.20	21.50	25.86
age	5.086	4.462	0	4	26
growth	0.623	7.251	0.000306	0.254	434.6
Outratio	0.375	0.0498	0.333	0.333	0.571
top1	32.19	0.322	0.085	0.304	0.721

3.4.2 数字金融与企业创新回归检验

表 3-3 第（1）—（4）列分别报告了数字金融总指标以及三个子指标（覆盖广度 fin1、使用深度 fin2 和数字化支持程度 fin3）与企业创新之间的关

系。从第（1）列回归结果可以看出，数字金融能够显著提升企业的创新水平并在1%的显著水平上为正，回归系数为0.303。数字金融作为数字化与金融服务相结合的新型金融科技，能够通过利用高科技技术降低金融服务的门槛，在提高金融服务的深度、广度和宽度，打破"最后一公里"，缓解企业融资约束，进而促进企业创新方面成效显著（万佳彧等，2020）。第（2）—（4）列报告了数字金融三个维度的子指标与企业创新的回归结果，从结果可以看出，数字金融的数字化支持程度（fin3）对企业的创新促进作用最小，而覆盖广度（fin1）促进作用最大。这说明数字金融的普惠性金融服务贡献度高于技术升级在这方面的贡献度，降低金融服务的门槛作用方面成效明显，可以更好地促进企业创新。

表3-3　　　　　　　　数字金融与企业创新回归结果

变量	（1） innov	（2） innov	（3） innov	（4） innov
index1	0.303*** (0.0548)			
fin1		0.320*** (0.0558)		
fin2			0.313*** (0.0555)	
fin3				0.174*** (0.0434)
控制变量	控制	控制	控制	控制
年份效应	控制	控制	控制	控制
行业效应	控制	控制	控制	控制
Observations	3649	3649	3649	3649
R-squared	0.073	0.074	0.073	0.069

注：***、**、*分别表示在1%、5%、10%的水平上显著，括号内为系统标准误差。

3.4.3 数字金融、高管团队异质性与企业创新回归检验

接下来，引入高管团队异质性重新进行回归，以便分析高管团队异质性是否对数字金融与企业创新之间的关系具有调节作用，回归结果如表3-4所

示。由第（1）列可以看出，当高管团队年龄异质性被单独引入模型时，它对企业创新的影响显著为正，回归系数为 1.634，说明高管团队年龄异质性会正向影响企业创新能力。第（2）列检验了高管团队年龄异质性的调节作用，其调节作用在 1% 水平上显著为正，回归系数为 0.259，说明高管团队年龄之间的差异促进了数字金融对企业创新的正向影响，高管团队年龄差异性所带来的在信息决策方面的优势得以显现，年龄异质大的高管团队更容易带来不同的经验、价值观、思维方式，碰撞出不一样的火花，而企业创新是需要具有冒险精神的，所以年龄异质性较大的高管团队将有利于企业创新。

由第（3）列汇报的回归结果可以看出，当高管团队职业背景异质性被单独引入模型时，它对企业创新的影响显著为正，回归系数为 0.919，说明高管团队职业背景异质性会正向影响企业创新能力。第（4）列检验了高管团队职业背景异质性的调节作用，其调节作用在 5% 水平上显著为正，回归系数为 1.420，说明高管团队职业背景之间的差异促进了数字金融对企业创新的正向影响。当今世界面临的各种不确定性越来越大，高管团队职业背景异质性有助于应对各种复杂多变的情形，根据信息—决策理论，异质性越大越容易形成更广泛的视角和技能，对于问题处理更能形成有效的思路和认识，进而有利于创新。因此，具有丰富职业经历的高管在经营管理和企业创新方面的优势明显。

由第（5）列汇报的回归结果可以看出，当性别异质性变量被单独引入模型时，它对企业创新的影响显著为负，回归系数为 -0.319，说明高管团队性别异质性会负向影响企业创新能力。第（6）列检验了高管团队性别异质性的调节作用，其调节作用在 5% 水平上显著为正，回归系数为 -0.168，调节作用的系数为负说明高管团队性别之间的差异性抑制了数字金融对企业创新的正向影响，高管团队性别异质性越大，侧面说明高管团队中女性比例较高，通常来讲女性高管风险厌恶程度相较于男性高很多，而男性往往过度自信偏好风险，企业创新往往伴随着高风险和高挑战，因此高管团队性别异质性对企业创新具有抑制作用。

由第（7）列可以看出，当高管团队教育背景异质性被单独引入模型时，它对企业创新的影响显著为负，回归系数为 -0.348，说明高管教育背景异质性会负向影响企业创新能力。第（8）列检验了高管团队教育背景异质性的调节作用，其调节作用在 10% 水平上显著为正，回归系数为 -0.497，调节作用的系数为负说明高管团队教育背景之间的差异性抑制了数字金融对企业创新的正向影响，高管团队教育背景的差异性所带来的在信息决策方面的优势没有显现出来，不同学历之间的高管因知识阅历等的不同容易形成冲突和矛盾，在企业创新决策方面难以形成一致意见，进而不利于创新。

表3-4 高管团队异质性及其调节作用

变量	(1) patent	(2) patent	(3) patent	(4) patent	(5) patent	(6) patent	(7) patent	(8) patent
difi	0.304*** (0.0548)	0.656*** (0.007)	0.303*** (0.0548)	1.269*** (0.411)	0.306*** (0.0548)	0.344*** (0.0865)	0.317*** (0.0550)	0.558*** (0.152)
ageth	1.634*** (0.652)	0.259*** (2.189)						
difi × ageth		1.830** (1.035)						
functh			0.919*** (0.400)	3.880*** (1.313)				
difi × functh				1.420** (0.600)				
gendth					-0.319** (0.187)	-0.0264** (0.638)		
difi × gendth						-0.168** (0.296)		
eduth							-0.348* (0.195)	-0.673* (0.633)
difi × eduth								-0.497* (0.293)
控制变量	控制	控制	控制	控制	控制	控制	控制	控制
年份效应	控制	控制	控制	控制	控制	控制	控制	控制
行业效应	控制	控制	控制	控制	控制	控制	控制	控制
Observations	3649	3649	3649	3649	3649	3649	3579	3579
R-squared	0.075	0.075	0.074	0.076	0.074	0.074	0.075	0.075

注：***、**、*分别表示在1%、5%、10%的水平上显著，括号内为系统标准误差。

3.5 稳健性检验

为了验证回归结果的稳健性,本章进行了如下稳健性检验:(1)更换被解释变量——企业创新的衡量指标,参照贾俊生等(2021)的做法,使用企业发明专利的申请总量作为被解释变量企业创新,可以看到结果依然成立(见表3-5)。(2)为了缓解内生性问题,虽然本章采用的宏观数字金融指数和微观企业层面的数据,一定程度上可以缓解内生性问题,但仍然可能存在因遗漏变量导致的内生性问题。基于此,本章参照现有文献的做法(万佳彧等,2020),选择互联网普及率internet作为工具变量,采用两阶段最小二乘法(2SLS)进行重新估计,可以看到基于工具变量的回归结果依然显著,这表明数字金融对企业创新的正向促进作用很显著(见表3-6)。

表3-5　　　　数字金融、高管团队异质性与企业创新

变量	(1) RI	(2) RI	(3) RI	(4) RI	(5) RI	(6) RI	(7) RI	(8) RI
difi	0.205*** (0.0446)	0.228*** (0.129)	0.221*** (0.0446)	0.179*** (0.123)	0.210*** (0.0446)	0.170** (0.0703)	0.207*** (0.0444)	0.233*** (0.0455)
ageth	0.455*** (0.531)	0.133*** (1.781)						
difi × ageth		0.160*** (0.842)						
eduth			-0.143* (0.158)	-0.0345* (0.513)				
difi × eduth				-0.0863* (0.238)				
gendth					-0.387** (0.152)	-0.756** (0.518)		
difi × gendth						-0.179** (0.241)		

续表

变量	(1) RI	(2) RI	(3) RI	(4) RI	(5) RI	(6) RI	(7) RI	(8) RI
functh							1.498*** (0.324)	1.585*** (0.326)
difi × functh								0.238*** (0.0900)
控制变量	控制	控制	控制	控制	控制	控制	控制	控制
年份效应	控制	控制	控制	控制	控制	控制	控制	控制
行业效应	控制	控制	控制	控制	控制	控制	控制	控制
Observations	3649	3649	3579	3579	3649	3649	3649	3649
R-squared	0.043	0.043	0.044	0.044	0.045	0.045	0.049	0.051

注：***、**、*分别表示在1%、5%、10%的水平上显著，括号内为系统标准误差。

表3-6　　　　　内生性检验：最小二乘法估计结果

变量	基于工具变量的估计：第一阶段	基于工具变量的估计：第二阶段
	difi	patent
difi		0.313*** (0.0962)
internet	2.591*** (0.0621)	
控制变量	控制	控制
年份效应	控制	控制
行业效应	控制	控制
Observations	3649	3649
F值	186.241***	
Wald 检验值		16.73
Far 检验 P 值		0.000

注：***、**、*分别表示在1%、5%、10%的水平上显著，括号内为系统标准误差。

3.6　本章小结

本章将2011—2019年北京大学数字普惠金融指数与中国沪深A股上市公司数据进行匹配，从多角度检验数字金融对企业创新的影响，然后通过构建的高管团队异质性指标实证检验了高管团队异质性的调节效应。研究发现，数字金融发展和覆盖广度、使用深度、数字支持服务程度三个维度均会显著提高企业创新水平，而高管团队年龄、性别、教育背景以及职业背景方面的异质性对该作用影响呈现差异性。其中，年龄和职业背景异质性具有正向调节作用，而性别和教育背景异质性具有负向调节作用，稳健性检验进一步验证了结论。本章的研究丰富了数字金融影响企业创新的相关研究，并为金融市场如何更好地服务实体经济提供了理论依据和政策参考。

数字金融赋能企业高质量创新的机制设计应顺应"十四五"时期高质量发展的政策指向。近年来，关注数字金融与企业发展的研究越来越多，然而基于高管团队的调节方面的关注相对较少，实证研究更是少见。本章将宏观和微观层面进行匹配，提出基于高管团队异质性的调节机制，研究数字金融赋能企业创新的应对之策，具有以下政策启示：第一，积极提高数字金融的发展水平，适度扩大数字金融的覆盖广度，努力解决金融服务"最后一公里问题"。第二，企业应当正视高管团队异质性存在可能对企业创新带来的异质性影响，加强低教育水平的高管培训和辅导，优化调整高管团队的性别组成，更好地发挥女性管理方面的优势。第三，企业在创新发展过程中，要高度重视高管团队的年龄与职业背景，形成差别化的老中青结构以及丰富的职业背景，更有利于形成集思广益、百家争鸣的局面，以适应复杂多变的外部环境，对企业创新有显著促进作用。

第 4 章

绿色金融与企业创新

在"绿水青山就是金山银山"和"万众创新"的新发展理念下,如何更高效地发挥绿色金融在引导企业创新方面的作用,成为亟须关注的问题。本章将2010—2019年非金融上市企业和绿色金融发展指数进行匹配,从理论和实证角度考察绿色金融发展对企业创新的影响和作用机理,并探究企业社会责任的调节效应。研究发现,绿色金融发展对企业创新具有显著的促进作用,企业社会责任在绿色金融发展和企业创新之间产生正向调节作用,通过以2016年"十三五"规划、按规模、按地区进行分样本做回归进一步验证了结论。本章从企业创新的角度揭示绿色金融发展的微观效果,为推进中国绿色金融发展以及企业创新提供一定的理论借鉴和实践指导。

4.1 引　　言

近年来,全球经济高速发展,消耗了大量石油、煤炭、天然气等化石燃料,排放了大量有害气体,加剧了温室效应,加速了全球冰川融化、海平面上升,严重威胁到了人类的生存和发展。因此,如何实现经济增长和环境保护的"共赢",成为极度关注的问题,为此国内外均提出了相应地政策支持。1997年,在联合国气候大会上,全球100多个国家签署了《京都议定书》,该条约规定了发达国家的减排义务,建立了国际排放贸易、联合履行和清洁发展三个灵活合作机制,以保证全球经济发展的同时,减少二氧化碳的排放。作为全球第二大经济体,以及世界上二氧化碳排放量最大的国家,中国在2009年哥本哈根气候变化大会上承诺,要实现2020年单位GDP二氧化碳排放比2005年下降40%—50%的目标。2020年9月22日,在第七十五届联合国大会一般性辩论上对外宣布,中国二氧化碳排放力争于2030年前达到峰值,2060年前实现碳中和,并于2021年首次将"碳达峰、碳中和"写入政府工作报告。绿色金融作为协调经济发展和环境保护的重要工具之一,备受重视。实际上,早在2016年,中国人民银行、财政部等七部委联合印发了《关于构建绿色金融体系的指导意见》,中国成为全球首个制定绿色金融顶层设计的国家,并于同年,将绿色金融纳入G20峰会议题,推动了绿色金融在世界经济发展中的进程。2018年,中国人民银行牵头成立中国金融标准化技术委员会,加快了绿色金融标准体系的构建。据统计,截至2020年末,中国绿色贷款余额近12万亿元，存量规模世界第一，绿色债券存量8132亿元，居世界第二。绿色金融得到了快速发展。

从历史上看，绿色金融最早源于1974年德国成立的世界上第一家政策性环保银行名曰"生态银行"，掀开了资源配置和环境保护挂钩的篇章。作为应对资源环境压力而生的金融制度安排，绿色金融注重金融部门在资金配置决策过程与环境条件相关的成本—收益和风险，以此来促进经济社会协调发展。目前关于绿色金融的定义并未形成统一的意见，结合本书的研究目的，根据Jeucken和Bouma（1999）的定义，绿色金融指金融部门将环境治理与保护因素纳入投融资活动中，既可增加清洁项目融资，又能减少对污染项目的资金供给，从而实现资金的绿色配置。由此可见，绿色金融本质上是基于环境约束条件下的信贷配给，对创新型尤其是绿色创新型较强的企业做信贷资金配置方面的倾斜（王康仕等，2019），而融资约束是制约企业创新的重要因素（万佳彧等，2020），绿色金融作为基于环境约束的一种信贷资金配置工具，为面临融资约束的企业技术创新提供了可能。通过梳理环境与企业创新方面的文献，我们发现环境规制、绿色信贷等与企业创新的影响相对较多（Eaton & Kostka，2014；李青原和肖泽华，2020；王锋正等，2018；吴晟等，2019；Chen et al.，2019；郭进，2019），而围绕绿色金融与企业创新方面的研究相对较少，邵传林和段博（2019）认为绿色金融可以通过环境信息披露等公司治理行为间接影响企业技术创新行为，谢乔昕（2021）发现绿色金融发展能够在企业创新过程中提供资金支持，可以强化环境规制的补偿效应。我们尝试在绿色金融对企业创新方面的研究中，进一步探究社会责任在其中的调节作用。既有研究表明，企业社会责任履行能够显著影响企业创新（Castillo，2015；毛蕴诗等，2019；Gallego-Alvares et al.，2011）。根据利益相关者理论，企业社会责任的存在可以化解与政府、环境和市场等的矛盾，这些矛盾通常是企业创新过程中的阻碍。鉴于此，在"双碳"背景下考察绿色金融发展与企业的技术创新问题以及其背后的社会责任的调节作用机制，对探索"绿水青山就是金山银山"以及"万众创新"的新发展理念下企业的高质量发展与走中国特色创新驱动发展道路，具有重要的理论及现实意义。

本章可能的边际贡献如下：从绿色金融发展的视角拓展了金融发展与企业创新方面的研究。已有文献从金融政策（余明桂等，2016）、股票流动性

（Fang et al.，2014）和数字金融发展（万佳彧等，2020）等视角研究金融发展对企业的影响，但鲜有文献从绿色金融的视角对企业创新进行研究。本章研究内容发现绿色金融发展将对其创新产生正向激励，企业社会责任履行将会对其产生正向调节作用。这一研究将会有助于建立宏观金融发展与微观企业行为之间的关联，对探索金融市场的发展如何助推企业创新具有一定和启发和借鉴意义。

本章接下来的研究结构安排如下：第二部分为研究综述；第三部分为理论分析和研究假设；第四部分为数据来源、变量选取与模型设定；第五部分为实证结果和分析，探讨绿色金融发展对企业创新的影响，以及企业社会责任的调节效应和异质性分析；第六部分为稳健性检验；最后一部分为本章结论和政策建议。

4.2 理论机制与研究假设

4.2.1 绿色金融与企业创新相关研究

从历史上看，绿色金融最早源于1974年德国成立的世界上第一家政策性环保银行名曰"生态银行"，掀开了资源配置和环境保护挂钩的篇章。作为应对资源环境压力而产生的金融制度，绿色金融注重金融部门在资金配置决策过程中与环境相关的成本—收益和风险，以此来促进经济社会协调发展（Jung Wan LEE，2020）。现有研究表明，当前，各个国家的绿色金融发展状况（Huan Peng，2018；Pasquale Marcello Falcone，2019），以及国家内部不同区域间的绿色金融发展状况（Hongji Zhou，2022；Chengchao Lv，2021）有比较大的差异，世界绿色金融体系仍然需要发展和不断完善（Artie W，2021；Farhad Taghizadeh – Hesary，2019），因此，目前关于绿色金融的定义并未形成统一的意见。结合本书的研究目的，根据Jeucken和Bouma（1999）的定义，绿色金融指金融部门将环境治理与保护因素纳入投融资活动中，既可增加清洁项目融资，又能减少对污染项目的资金供给，从而实现资金的绿色配置。一般来说，绿色金融不仅包括支持绿色项目投融资、项目运营和风险管理的金融服务，还包括了绿色信贷、绿色债券、绿色股票指数等金融产品。尽管没有统一的定义，但是，绿色金融对综合经济增长（Xiuling Yin，2022）、经济可持续发展（Nana Liu，2020；Umair Saeed Bhutta，2022）、循环经济发展（Long Jinru；2021）、高质量能源发展（Fayuan Wang，2021）、产业结构升级（Ruixiong Qi，2020；Xinyue Wang，2021）的积极促进作用仍然不可忽略。不仅如此，绿色金融在缓解气候变化、减少废弃物和废气排放（Shengling Zhang，2021），对环境的改善方面具有正向积极的作用（Muhammad Asif Khan；Xuedi Ren，2020；Muhammad Saeed Meo；Tadiwanashe Muganyi，2021）。

按照G20关于绿色金融的定义，绿色金融是指能够产生环境效应，支持可持续发展的投融资活动。有研究表明，绿色金融不仅对企业财务绩效、环境绩效都具有一定程度的改善作用（Hengjie Xu，2020），而且作为一种基于环境保护原则设置的金融制度，属于一种金融创新（Jose Salazar，1998；Muhammad Azhar Khalil，2021），能够直接解决环保类企业的融资问题，对于高污染性的企业也将会促使其将污染成本内生化（马骏和李治国等，2014；Xiaoguang Zhou，2021）。进一步来说，在传统的金融制度下，金融部门基于利润最大化的考虑，侧重于关注企业的风险—收益，忽视了环境破坏产生的负面效应。而绿色金融本质上是基于环境约束条件下的信贷配给，对创新型尤其是绿色创新型较强的企业做信贷资金配置方面的倾斜（Min Hong，2021）。因此，绿色金融不仅能够约束金融机构过度关注项目收益而忽略环境的问题，也为企业绿色创新发展提供投融资支持。

众所周知，中国是一个以间接融资为主的国家，所以企业在进行投融资时主要通过金融机构进行，金融部门的投融资决策直接决定了企业的融资是否顺利。企业创新具有高风险和长周期性的特点，若想进行绿色创新则需要面临非常严苛的融资约束。绿色金融作为基于环境约束的一种信贷资金配置工具，为面临融资约束的企业技术创新提供了可能。Chin-Hsien Yu（2021）认为高融资约束会削弱企业的创新能力，因此建议国家利用绿色金融工具，加大对民营企业绿色投资项目的支持，减少其融资约束，激发民营企业的创新积极性。Robyn Owen（2018）研究了公共部门对赠款、股权、债务和新形式的众筹融资在高收入和低收入国家的作用，并建议建立一个金融生态系统方法，以确保低碳投资的互补形式在地方、国家和国际规模上相互联系，以便于企业创新。由于中国信息披露制度目前还不健全，使企业缺乏环保与绿色创新方面的"硬信息"，因此在融资约束方面变得更加困难。Avik Sinha

（2021）发现企业的环境信息披露与绿色创新的交互作用可以一定程度上改善企业的融资条件；Chao Xing（2021）则认为由于存在"绿色洗涤"现象，环境披露高的企业并不会获得更多的贷款，只有绿色创新才能促进企业获得更多的贷款。同时，绿色金融的发展将会使金融机构在进行投融资决策时充分考虑环境效益和环境法规的约束。Xiaoxiao Zhou（2021）探索了环境法规对绿色金融发展和技术创新之间的关系，并认为，随着环境制度的改善，绿色技术创新在绿色金融的推动下，其影响力也在不断增强。因此，通过绿色金融，传统金融制度下难以获得信贷资金支持的创新项目较快获得融资支持，提高企业进行绿色技术创新的积极性和可能性（谢乔昕，2021）。综上所述，绿色金融发展弥补了传统金融未考虑环境效应的短板，致力于服务有创新需求的企业，重在实现经济和环境协调可持续发展。据此提出本章研究假说1：

研究假说1：在控制其他因素不变的情况下，绿色金融可以促进企业创新。

4.2.2 企业社会责任在绿色金融和企业创新扮演的角色

谢尔顿最早提出企业社会责任的概念，其思想最早源于企业的慈善捐赠行为（Dahlsrud A，2008；李伟阳和肖红军，2011）。通过慈善捐赠，一方面，可以帮助企业在社会上建立声誉，获得地方政府和消费者的支持，成为一种无形且稀缺的资产，提高企业的市场竞争力（Russo，1997；Nan Ye，2020；Donato Morea，2021）。另一方面，一定程度上企业可以获得社会的关注和政府、金融机构等的认可，作为一种正向信号释放给社会，以此来获得金融机构的"融资"支持（王鹏程和李建标，2015；何贤杰等，2012；刘柏和刘畅，2019；Cheng et al.，2014）。由此可见，企业社会责任水平与融资约束关系密切。特别需要指出的是，良好的企业社会责任表现更是成为企业创新方面的竞争优势（Russo et al.，1997）。Baohua Liu（2020）认为，与员工相关的企业社会责任越多，企业创新能力越强；Sascha Krausa（2020）认为，虽然企业社会责任对环境绩效没有直接的显著影响，但环境战略和绿色创新在社会责任和环境绩效之间具有显著的中介作用；David C（2020）认为企业的环境、社会责任的实践有利于企业的创新能力增强，继而影响其价值创造和财务绩效；Francisco Javier Forcadell（2021）则进一步认为，企业社会责任强化了创新型企业的创新，促进了非创新型企业的创新理念；Albert Tsang（2021）发现，企业的社会责任契约能够弥补制度缺失，以及协调利益相关者对企业社会责任的高要求，从而促进企业的创新；Sohail Ahmad Javeed（2021）认为，环境规制和企业社会责任与企业创新存在正相关关系。基于以上分析，提出本章研究假设2：

研究假说2：企业社会责任履行能够促进企业创新。

企业社会责任包括股东责任、员工责任、供应商责任、客户和消费者权益责任、环境责任等几个维度。其中，"环境责任"打破了传统的"唯经济效益"的观念（Jawad Abbas，2020），从这一维度上讲，企业社会责任的履行能够促进绿色金融发挥更大的作用。Shun–Pin Chuang（2018）认为，企业社会责任对绿色信息技术人力资本、绿色信息技术结构资本、绿色信息技术关系资本具有正向的影响，从而提高企业的环境绩效和企业竞争力，而绿色信息结构资本和绿色信息关系资本对企业社会责任、环境绩效和企业竞争力具有部分中介作用。企业创新是一种高投入、高风险、周期性强的行为，融资约束是企业创新的关键阻碍，企业履行社会责任能够一定的程度上缓解融资约束，进而促进企业的创新。Xiang Deng（2017）以食品行业为例，认为企业社会责任与环境绩效之间是相互促进的作用，而绿色金融的实施，可以改善企业的环境绩效。此外，企业履行社会责任因承担较多的"责任"相关评分会更高，这种信号作用能够进一步增强企业的融资能力，以及反过来促进企业社会责任的增强。Zhiyong Li（2019）研究了绿色债券信用评级、企业社会责任和绿色认证对收益企业收益差的影响，发现拥有绿色证书的绿色债券比没有绿色证书的绿色债券的利息更低。不仅如此，根据利益相关者理论，企业社会责任的履行能够建立一定的社会信任感，构建出政府—金融机构—企业—消费者之间强大的信任感和纽带，帮助企业从利益相关者中获取相关信息和知识，及早认识到创新的重要性，降低企业的风险并激励企业进行创新（Wartick & Cochran，1985；Huanyong Ji，2020；Jawad Abbas，2020）。基于以上分析，提出本章研究假设3：

研究假说3：企业社会责任履行正向调节绿色金融对企业创新的促进作用。

4.3 研究设计

4.3.1 数据来源与样本选择

本章选择 2010—2019 年中国沪深 A 股非金融上市公司作为样本进行研究，绿色金融发展的数据来源于《中国统计年鉴》、各省份统计年鉴以及《中国保险年鉴》，通过构建指标体系得到，通过匹配宏观层面的绿色金融发展水平与微观层面的企业创新，以此来验证绿色金融发展对企业创新的促进作用。衡量企业社会责任的指标来源于和讯网，衡量企业创新指标的专利数据来源于国泰安数据库，产权性质的数据来自 CCER 数据库，企业所属的行业参照中国证监会《上市公司行业分类指引（2012 年修订）》规定的行业代码和行业门类代码进行确定。本章通过合并微观层面的上市公司数据和宏观层面的绿色金融发展水平，可以一定程度上可以缓解部分内生性问题。

借鉴现有文献的做法（顾夏铭等，2018），本章对原始样本进行了如下的清理：（1）由于金融保险类的企业监管制度和报表结构和其他种类的行业相差甚远，因此需要剔除金融保险类行业的企业；（2）因 ST 企业的财务和交易机制出现异常情况，故需要剔除层*ST 以及以前被 ST 的企业样本；（3）剔除包括企业创新、绿色金融、社会责任等关键变量指标缺失的企业样本；（4）剔除资产负债率大于 100%（即资不抵债的样本）。为了避免异常值对模型回归的影响，本文对所有连续的变量进行 1% 水平的 Winsor 缩尾处理。实证部分采用 Stata15.0 软件对筛选后的 9831 家企业样本进行回归分析。

4.3.2 变量说明

1. 被解释变量

被解释变量为企业创新水平。关于企业创新水平的测度，现有文献主要有投入和产出两种度量方式。本章借鉴顾夏铭等（2018）的研究，采用专利申请总量衡量企业创新。研发产出以专利申请数量衡量，本章手工搜集了上市公司的名单以及公司年报，在专利查询系统中获取每一年度的发明专利、实用新型专利和外观设计专利申请数量。参照 Fang et al.（2014）、Levine et al.（2015）的研究，在稳健性检验中采用发明专利申请数量 +1 取自然对数衡量企业的创新活动。

2. 解释变量

解释变量为绿色金融发展。目前测度绿色金融发展水平主要有熵值法和 DEA - Malquist 方法（张莉莉等，2018）、专家打分法（曾学文等，2014）、将地区金融发展与绿色发展耦合协调（孟庆松和韩文秀，2000）以及金融资源从污染行业的净流出量（王康仕等，2019）等。本章借鉴张莉莉等（2018）的研究建立省级层面的绿色金融发展水平指标体系，一级指标包括绿色信贷、绿色投资、绿色保险和政府支持，具体说明如表 4 - 1 所示。

表 4 - 1　　　　　　绿色金融发展水平的指标体系

一级指标	表征指标	指标说明	指标属性
绿色信贷	高能耗产业利息支出占比	六大高耗能工业产业利息支出/工业利息总支出	-
绿色投资	环境污染治理投资占 GDP 比重	环境污染治理投资/GDP	+
绿色保险	农业保险深度	农业保险收入/农业总产值	+
政府支持	财政环境保护支出占比	财政环境保护支出/财政一般预算支出	-

图 4 - 1 显示了 2010—2019 年中国东部、中部和西部三个地理区域的绿色金融平均发展趋势。从图中可以看出，2010—2019 年绿色金融在中国发展迅速。其中，绿色金融平均水平由 2010 年的 0.131 提升至 2019 年的 0.227，年均增长率为 7.328%。这三个地区的增长率也都很高。东部、中部和西部地区的年均增长率分别为 2%、1% 和 0.9%。东、中、西部地区绿色金融发展水平也不均衡。东部增幅最大，西部增幅最低。中、西部地区几乎没有差距。然而，这些区域之间的差距并没有显示出缩小的趋势。

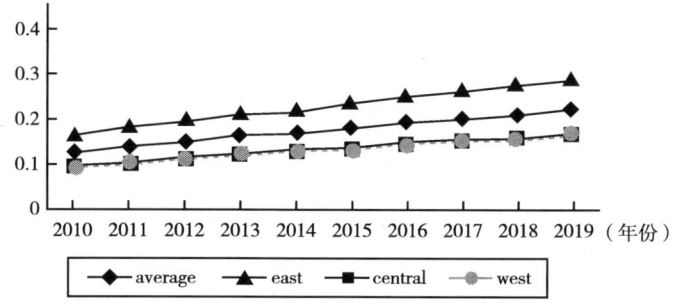

图 4-1 中国绿色金融发展趋势

3. 调节变量

本章的调节变量为企业社会责任（CSR）。关于企业社会责任指标的测度存在多重视角，现有文献主要有基于利益相关者主体[1]、社会责任绩效、社会责任内容、企业慈善捐赠额等维度进行测度。和讯网根据股东、员工、供应商、客户和消费者权益、环境等方面对上市企业进行打分，形成社会责任报告专业的评测结果。其值越大越表明上市企业承担的社会责任多。因此本章借鉴刘春济和朱梦兰（2018）、李兰云等（2019）的研究，采用和讯网发布的企业社会责任评级总得分取自然对数表示企业社会责任。

4. 控制变量

借鉴孟庆斌和师倩（2017）的研究，本章在回归分析中选择影响企业创新的控制变量主要包括以下几个方面。（1）代表企业特征的变量：企业成立年限（lnage），该变量以企业至今成立年限取对数进行衡量；代表偿债能力的指标：营业收入增长率（Growth）；托宾 Q 值（Tobin）。（2）代表公司治理的变量：股权集中度指标（top1），该变量以第一大股东持股比例衡量。（3）代表地区发展水平的指标：人均 GDP 水平等。此外我们还控制了行业固定效应和年度固定效应。相关变量的指标说明如表 4-2 所示。

---

[1] Clarkson M B E. Stakeholder framework for analyzing and evaluating corporate social performance [J]. Academy of Management Review, 1995, 20 (1): 92-117.

表4-2 相关变量的设定与赋值

变量	变量属性	定义与度量
Apply 企业创新	被解释变量	专利申请数+1取对数
RD 企业创新	被解释变量	发明专利申请数+1取对数
Green 绿色金融发展	解释变量	构建的省级绿色金融发展水平指标
CSR 社会责任	调节变量	和讯网发布的评级总得分取自然对数
lnage 企业成立年限	控制变量	企业至今成立时间取对数
Growth 营业收入增长率	控制变量	营业收入的年度增长率
top1 股权集中度	控制变量	第一大股东持股比例
Tobin 托宾Q值	控制变量	托宾Q值
govcon2_p 企业性质	控制变量	国企=1，民企=0
Pergdp 地区发展水平	控制变量	人均GDP水平取对数

4.3.3 模型构建

第一步，先验证绿色金融发展与企业创新之间的关系，构建如下模型：

$$innov_{i,t} = \alpha_0 + \alpha_1 green_{it} + \sum \alpha_j control_{i,t} + \sum year + \sum ind + \varepsilon_{i,t} \tag{4-1}$$

第二步，检验企业社会责任对数字金融与企业创新关系的调节效应，所以构建如下模型：

$$innov_{i,t} = \beta_0 + \beta_{j1} CSR_{it} + \beta_{j2} green_{it} + \beta_{j3} green_{it} \times CSR_{it} + \gamma \sum \alpha_j control_{i,t} + \sum year + \sum ind + \varepsilon_{i,t} \tag{4-2}$$

其中：i 代表公司，t 代表年份；被解释变量 innov 表示企业创新水平；绿色金融发展 green 为核心解释变量，调节变量 CSR 表示企业社会责任；Controls 代表控制变量，包括公司上市年限（age）、营业收入增长率（growth）、托宾Q值（Tobin）、股权集中度（top1）、企业性质（govcon2_p）、地区发展水平（pergdp）等；ind 以及 year 分别表示行业与年份效应，α_0 和 β_0 表示为截距项，ε 为随机干扰项。

4.4 实证检验与结果分析

4.4.1 变量描述性统计

本章用到的主要变量描述性统计特征见表 4-3。从统计结果中可以看出，我国非金融上市企业创新水平（apply）的平均值为 3.7188，中位数为 4.06，相比早期的研究有不同程度的提升。绿色金融发展水平（green）的平均值为 0.2503，最小值为 0.0890，最大值为 0.6272，说明不同区域间的绿色金融发展水平存在一定的差异性。企业社会责任（CSR）均值为 4.4661，标准差为 2.6722，最小值 0.4000，最大值 15.0000，说明不同企业间的社会责任履行情况存在较大的差异性。其他相关控制变量的统计结果与既有研究基本一致，此处不再详细说明，具体描述性统计结果如表 4-3 所示。

表 4-3　　　　　　主要变量的基本统计特征

变量	平均值	标准差	最小值	中位数	最大值
apply	3.7188	2.1374	0.0000	4.0604	8.4167
RD	17.8848	1.2370	14.9859	17.7807	21.6423
green	0.2503	0.1328	0.0890	0.2289	0.6272
CSR	4.4661	2.6722	0.4000	3.7300	15.0000
lnpgdp	11.1337	0.4528	10.0356	11.1586	12.0110
Tobin	2.0347	1.1001	0.9090	1.6795	6.9076
Growth	0.3260	0.4751	0.0037	0.1613	2.8523
lnage	1.6234	0.9370	0.0000	1.6094	3.1781
top1	0.3465	0.1426	0.0878	0.3326	0.7306
govcon2_p	0.0923	0.2894	0.0000	0.0000	1.0000

4.4.2 绿色金融发展对企业创新影响的基准回归结果

表 4-4 报告了绿色金融发展与企业创新的基准回归结果。表 4-4 中模型（1）只控制了变量 green，结果表明绿色金融发展（green）的回归系数为

0.7742，并且在 1% 的水平上显著为正，这表明绿色金融发展水平的提高，显著提高了企业参与技术创新的可能性，也就是说绿色金融发展能够促进企业创新，就此证明了本章研究假说 1。在控制企业产权性质、年份固定效应以及行业固定效应之后，从模型（2）中可以看到，绿色金融发展（green）的回归系数为 0.6949，依然在 1% 的水平上显著为正，表明绿色金融发展仍然显著促进了企业创新。绿色金融发展对于企业进行绿色创新具有很强的激励作用，可以促使在传统金融下因经济效益不足却有环境效应的企业较快的获得资金方面的支持，进而促进了企业创新（谢乔昕，2021）。为了得到更为稳健性的结果，我们采用逐步加入控制变量的方式进行回归检验。通过回归结果可以看出，在逐步加入上市年限（age）、营业收入增长率（growth）、托宾 Q 值（Tobin）、股权集中度（top1）、企业性质（govcon2_p）以及地区发展水平（pergdp）之后，绿色金融发展（green）的回归系数始终显著为正，结果如表 4-4 模型（3）、模型（4）、模型（5）、模型（6）和模型（7）所示。

表 4-4　　　　绿色金融发展与企业创新的回归结果

变量	(1) innov	(2) innov	(3) innov	(4) innov	(5) innov	(6) innov	(7) innov
green	0.7742*** (2.7498)	0.6949*** (2.5936)	0.7901*** (2.9230)	0.7870*** (2.9119)	0.7926*** (2.9156)	0.7745*** (2.8493)	1.3084*** (3.4900)
dum_2		0.3240*** (4.8673)	0.3012*** (4.5246)	0.3009*** (4.5205)	0.2943*** (4.3364)	0.2877*** (4.2332)	0.2815*** (4.1388)
lnage			0.2142*** (7.5400)	0.2436*** (8.0613)	0.2557*** (8.3467)	0.2645*** (8.5252)	0.2579*** (8.2683)
Growth				0.1025*** (2.8581)	0.0926** (2.5254)	0.0969*** (2.6372)	0.0958*** (2.6050)
Tobin					-0.0499** (-2.5063)	-0.0490** (-2.4596)	-0.0479** (-2.4071)
top1						0.3620* (1.7355)	0.3703* (1.7759)
lnpgdp							-0.2566** (-2.0657)

续表

变量	(1) innov	(2) innov	(3) innov	(4) innov	(5) innov	(6) innov	(7) innov
_cons	3.3503*** (42.1636)	0.7435 (1.4116)	0.4823 (0.9089)	0.3663 (0.6885)	0.4380 (0.8187)	0.2962 (0.5476)	2.8697** (2.1131)
年份效应	不控制	控制	控制	控制	控制	控制	控制
行业效应	不控制	控制	控制	控制	控制	控制	控制
N	9410	9410	9410	9410	9410	9410	9410
r2_w	0.0000	0.1070	0.1064	0.1072	0.1080	0.1075	0.1072

注：***、**、* 分别表示在1%、5%、10%的水平上显著，括号内为系统标准误差。

4.4.3 企业社会责任对绿色金融发展与企业创新关系调节效应的估计结果

前面我们已经讨论了绿色金融发展对企业创新的促进作用，在逐步加入控制变量后依然显示绿色金融发展（green）的回归系数在1%的水平上显著为正。下面我们将进一步探究如下问题：企业的主观行为是否会影响绿色金融作用的发挥呢？结果发现企业社会责任的履行在其中承担着调节作用，那么绿色金融发展对企业创新的影响是否会随着企业社会责任水平的提升而提高呢？通过表4-5第（2）列的回归结果可以看到，当企业社会责任（CSR）单独加入模型中时，对企业创新的影响显著为正，说明企业社会责任履行促进了企业创新。从第（3）列中可以看到绿色金融发展（green）与社会责任（CSR）的交叉项显著为正，说明整体而言企业社会责任（CSR）强化了绿色金融对企业创新的正向影响。

表4-5　企业社会责任调节作用的回归分析结果

变量	(1) Innov	(2) Innov	(3) Innov
green	1.3084*** (3.1758)	1.3102*** (3.1792)	0.8531* (1.7143)
CSR		0.0032*** (0.3397)	0.0269*** (-1.5156)

续表

变量	(1)	(2)	(3)
	Innov	Innov	Innov
控制变量	控制	控制	控制
年份效应	控制	控制	控制
行业效应	控制	控制	控制
N	9410	9410	9410
r2_w	0.1072	0.1072	0.1076

注：***、**、*分别表示在1%、5%、10%的水平上显著，括号内为系统标准误差。

4.5 稳健性检验

4.5.1 替换被解释变量

在基准回归模型中企业创新采用的是申请专利总量这一指标，本部分稳健性检验中采用研发投入占营业收入比例（%）这一指标替换被解释变量，对回归模型进行重新估计。回归结果见表4－6。模型（1）只控制了绿色金融发展（green）这一变量，从结果中可以看出回归系数在1%水平上显著为正，这说明绿色金融发展的确会显著提升企业创新水平。在控制企业性质、地区效应和年份效应后，模型（2）的回归结果依然显示绿色金融发展对企业创新具有显著的促进作用。为了得到更稳健的结果，本章通过逐步加入控制变量的方法进行回归。可以看到，在逐步控制企业特征、公司治理变量以及地区发展水平变量后，绿色金融发展（green）的系数始终在1%的水平上显著为正，再次验证了本章的结论。

表4－6　　替换被解释变量的回归结果

变量	(1)	(2)	(3)	(4)	(5)	(6)	(7)
	RD	RD	RD	RD	RD	RD	RD
green	1.2264***	1.0287***	1.1779***	1.1770***	1.2364***	1.2258***	1.0989***
	(6.8631)	(5.9385)	(7.1046)	(7.1000)	(7.5615)	(7.5210)	(5.0662)
dum_2		0.2089***	0.2030***	0.2031***	0.1808***	0.1793***	0.1800***
		(7.8598)	(7.7122)	(7.7174)	(6.7593)	(6.7002)	(6.7213)

续表

变量	(1) RD	(2) RD	(3) RD	(4) RD	(5) RD	(6) RD	(7) RD
lnage			0.2896*** (20.4930)	0.2975*** (19.9598)	0.3168*** (21.0253)	0.3239*** (21.3020)	0.3253*** (21.3006)
Growth				0.0214* (1.6581)	0.0057 (0.4306)	0.0091 (0.6902)	0.0093 (0.7043)
Tobin					-0.0553*** (-7.4835)	-0.0550*** (-7.4337)	-0.0552*** (-7.4557)
top1						0.2869*** (2.9582)	0.2863*** (2.9525)
lnpgdp							0.0620 (0.8867)
_cons	17.4994*** (347.1124)	16.0786*** (50.2322)	15.7922*** (50.3617)	15.7629*** (50.1930)	15.8720*** (51.2347)	15.7514*** (50.5543)	15.1278*** (19.6739)
年份效应	不控制	控制	控制	控制	控制	控制	控制
行业效应	不控制	控制	控制	控制	控制	控制	控制
N	9247	9203	9032	9031	8852	8852	8852
r2_w	0.0002	0.5141	0.5109	0.5109	0.5133	0.5127	0.5127

注：***、**、*分别表示在1%、5%、10%的水平上显著，括号内为系统标准误差。

4.5.2 异质性分析

1. 对不同规模企业进行分样本回归

绿色金融发展相较于传统金融的优势在于，不再简单地以经济效益衡量，而是辅之以基于环境约束条件下的金融服务。在传统的金融市场上，小微企业由于其固有的体量和属性限制，加之各项披露制度的不健全往往处于信息劣势地位，导致其在投融资行为中"融资难、融资贵"问题突出，绿色金融发展是在高质量发展水平上基于生态环境保护的政策设计，现阶段对于小型企业创新需求还有段距离。大型企业因各项体制机制相对健全，面临的融资约束相对弱，能够抓住绿色金融发展的浪潮实现创新发展。本章将非金融上市企业按照资产规模的1/4、2/4、3/4、1分位数将企业划分成四个等级，并取两端的1/4和3/4分位数以上的上市企业作为研究样本分别进行回归，回归结果如表 4-7 所示。通过比较表 4-7 的第（1）列和第（2）列，可以看出绿色金融发展对小型企业和大型企业创新均具有促进作用，且促进作用在大型企业中更为显著，未来绿色金融应逐渐向小微企业倾斜。

表 4-7　　　　　　　企业规模异质性的分析结果

变量	（1） 小型企业	（2） 大型企业
green	0.0575 (0.0964)	2.8612 *** (4.1144)
控制变量	控制	控制
年份效应	控制	控制
行业效应	控制	控制
N	2254	2407
r2_w	0.0668	0.0762

注：***、**、*分别表示在1%、5%、10%的水平上显著，括号内为系统标准误差。

2. 分东中西部企业进行分样本回归

为了验证回归结果的稳健性，本章进一步考察绿色金融发展对企业创新的影响在不同区域间是否存在异质性。据此，本章将所有样本对东中西部，从表 4-8 第（1）—（3）列可以看出，东部地区的绿色金融指标对企业创新显著水平明显比中西部地区显著，回归系数也是如此，说明绿色金融发展在不同区域间具有明显的异质性。由于东西部地区经济发展水平以及面临的竞争环境均有所不同，可能导致不同的绿色金融发展水平在区域之间产生的效果存在显著的差异，这可能是因为西部地区经济发展水平较低，企业自身面临的融资约束较强，绿色金融发展水平带来的融资条件仍然严苛，因此对其创新影响并不显著。

3. 以 2016 年为分界点进行分样本回归

为大力发展绿色金融，实现经济与环境协调发展，我国于 2016 年 3 月在"十三五"规划纲要中明确指出"建立绿色金融体系，大力发展绿色信贷、债券和发展基金"，对如何构建绿色金融体系进行了详细解读。与此同时，中国人民银行等七部委在 2016 年 8 月发布了《关于构建绿色金融体系的指导意见》，提出了具体的应对措施。由此可见，2016 年是绿色金融发展被提升到战略层和实践层的一年，基于此，本章以 2016 年分界点对企业进行分样本回归（见表4-9）。从回归结果中可以看出，总体来讲绿色金融发展对企业创新的影响依然显著为正，且在2016年以前的系数更高，说明绿色金融发展较早就已经发挥了更强的作用。

表4-8　分东中西部企业分样本回归

变量	(1)	(2)	(3)
	东部	中部	西部
green	1.1170**	-1.9137	3.9084
	(2.5634)	(-0.5715)	(1.3539)
控制变量	控制	控制	控制
年份效应	控制	控制	控制
行业效应	控制	控制	控制
N	7063	1400	947
r2_w	0.1106	0.1272	0.1538

注：***、**、*分别表示在1%、5%、10%的水平上显著，括号内为系统标准误差。

表4-9　2016年为分界点进行分样本回归

变量	(1)	(2)
	2016年前	2016年后
green	1.9004***	1.4449***
	(6.6041)	(3.8278)
控制变量	控制	控制
年份效应	控制	控制
行业效应	控制	控制
N	5567	3843

注：***、**、*分别表示在1%、5%、10%的水平上显著，括号内为系统标准误差。

4.6　本章小结

本章以2010—2019年中国沪深A股非金融上市企业为研究样本，对绿色金融发展与企业创新的促进作用以及企业社会责任履行在绿色金融发展与企业创新之间的调节作用进行理论分析与实证检验。研究结果表明：（1）绿色金融发展对企业创新具有显著的促进作用；（2）企业社会责任的履行能够正向调节绿色金融与企业创新间的正向作用。稳健性检验进一步表明，相较于小型企业、中西部企业以及 2016 年以后的企业，绿色金融发展对于大型企业、东部企业以及 2016 年以前的企业均已发挥了更大的作用，这说明当前绿色金融指标构建体系仍需进一步完善，将企业资源引出、地区因素等引入评价体系，适度向小微企业和中西部欠发达地区倾斜，使绿色金融能够惠及所有地区，实现共同富裕、万众创新的作用。

  根据本章的研究结论，得出以下几点启示：首先，要大力发展绿色金融，以信息披露和环境约束条件下的绿色金融能够显著促进企业技术创新，通过金融机构的信贷筛选机制疏通企业的信贷融资渠道，缓解融资约束，加快企业创新转型；其次，绿色金融机构在为企业提供相关金融服务时，需要针对性地选择目标群体，对小微地区、欠发达地区的企业要给予充分的支持和帮助，实现精准对接和服务，与此同时也要做好相应好的信息收集和整理，保证信息的准确性和真实性，避免出现金融风险。此外，企业作为市场经济的重要组成部分，在面对融资约束和信贷困难时，要主动披露相关信息和寻求服务，用前瞻性的眼光看待技术创新，搭乘新发展格局下高质量发展的列车努力实现技术创新，尽快实现转型升级，才能实现更长远的发展。

第5章

新发展格局下小微企业创新研究

本章以小微企业调查（CMES）数据为研究样本，通过理论机制和实证分析探讨新发展格局下小微企业创新问题，分别从数字金融以及政企关系这两个方面研究其与小微企业创新之间的关系，并以企业主经历和社会责任作为影响机制展开研究。研究结果表明，数字金融发展对小微创新有较显著的促进作用，且企业所有者的创业和就业经历对该作用有显著的正向调节效应，并强化数字金融在小微企业创新激励方面的促进作用。进一步研究发现，数字金融对小微企业创新的激励作用具有区域异质性，相对于东部发达地区，数字金融对中西部等欠发达地区的作用效果更为显著，这也进一步说明了数字普惠金融的普惠性和可触达性。此外，我国存在政企关系的小微企业较为普遍，以最主要所有者行业协会关系、招待费所衡量的政企关系显著提高了小微企业的创新；社会责任的履行也能显著提高小微企业的技术创新能力，并且企业履行社会责任能够强化政企关系对小微企业创新的正向促进作用。本章的研究为我国新发展格局下解决中国小微企业创新不足这一难题提供了理论借鉴和实践指导，并为小微企业寻求现实路径来促进创新提供了实证证据。

5.1 引　言

小微企业作为中国特色社会主义市场经济的重要组成部分，在吸纳就业、激励创新以及促进投资和消费等方面功不可没，成为我国经高质量发展的重要基础。"十三五"时期，我国中小企业数量和经营状况发展明显，经济贡献度不断上升。据统计，截止2020年底，全国市场主体总数超1.4亿户，其中，企业数达4331万户，而中小企业户数占比95.68%，营业收入占比62.98%，利润总额占比53.46%，较2015年底有了大幅增长，对经济贡献度也有了很大的提升。新冠肺炎疫情期间，中小企业的表现也甚是优秀，面对复杂的国内外形势，中小企业在国家政策的支持和自身的不懈努力下，各项数据逆势上扬。其中，中小型企业在数量方面增加了1468万，缴纳税收方面占全国税收比重达60.1%，较2015年提高了8.6个百分点。当前，我国经济从高速增长阶段转为高质量发展阶段，面临复杂的国际环境和"三期叠加"的影响，尤其受新冠肺炎疫情影响较大，如何破解较为突出的融资难、降成本难、创新难等问题成为关键。

党的十九大报告指出,要毫不动摇地鼓励、支持、引导非公有制经济发展,使市场在资源配置中起决定性作用,激发各类市场主体活力。2019年4月7日,中共中央办公厅、国务院办公厅印发了《关于促进中小企业健康发展的指导意见》,就促进企业创新方面作了明确要求。党的十九届五中全会指出"坚持创新驱动发展,提升企业技术创新能力"。2021年3月24日国务院常务会议指出,将普惠小微企业贷款延期还本付息政策和信用贷款支持计划进一步延至2021年年底,并给予相关金融机构以激励。国家一系列支持政策和方针表明了小微企业在国民经济发展中的重要性。然而,中小企业仍然面临发展难题,根据《中华人民共和国国民经济和社会发展第十四个五年规划和二〇三五年远景目标纲要》制定的《"十四五"促进中小企业发展规划》指出,当今世界正经历百年未有之大变局,中小企业融资难融资贵问题尚未有效缓解,融资促进措施有待进一步创新和落实。全面实施《中华人民共和国中小企业促进法》,依法加快出台融资促进等法律配套政策和制度,综合运用货币、财政等政策工具及差异化监管措施,引导金融机构加大对中小企业信贷支持力度,促进形成敢贷、愿贷、能贷、会贷的长效机制。创新金融服务模式,提高金融数字化水平,提高中小企业的融资可得性。国家一系列相关政策也是在支持和鼓励小微企业发展。应当可以看到,小微企业因其固有的体量和属性局限,其创新难度较大中型企业要困难许多,这也容易导致小微企业很难适应激烈的市场竞争,违背国家鼓励万众创新的大政方针。当此新发展格局下,考察小微企业的技术创新问题以及其背后形成的机制,对探索小微企业高质量发展与走中国特色创新驱动发展道路,具有重要的理论及现实意义。

5.2 数字金融与小微企业创新

5.2.1 研究背景

当前我国正处于百年未有之大变局,"三期叠加"、贸易摩擦、新冠肺炎疫情冲击等长期影响,当此背景下走集约型创新驱动发展道路,是"十四五"时期提升我国经济社会发展的重要选择。创新作为推动经济增长的主要动力（Solow，1956；Romer，1990），必将成为经济高质量发展的重要抓手（张军扩等，2019）。改革开放40多年来，我国的科技创新改革虽然已经取得巨大进步，企业的自主创新能力依然不足，"量大质低""策略性迎合"问题广泛存在（黎文靖和郑曼妮，2016），企业创新面临前所未有的挑战。小微企业作为中国特色社会主义市场经济的重要组成部分，在吸纳就业、激励创新以及促进投资和消费等方面功不可没，成为我国经济发展的重要力量。

金融发展的基础内核是解决企业的融资可得性，这直接受信息和交易成本的约束，进而影响企业创新（解维敏和方红星，2011；Hsu P et al.，2014）。经过学者们从专业化、激励机制、风险管理等理论层面阐述金融之于创新的作用，金融发展对企业创新的影响逐渐引起关注，并逐步拓展到实证层面（庄毓敏等，2020；钟腾和汪昌云，2017）。一系列研究表明我国金融体系发展不完善且以间接融资为主，传统金融因结构性问题不利于企业创新（唐松等，2020），而小微企业对金融市场环境的需求更为强烈，普惠金融的出现提高了金融服务的可得性和有效性，影响小微企业创新。"十四五"规划明确指出推动数字经济与实体经济深度融合，提升金融科技水平，增强金融普惠性。近年来大量资金的"脱实向虚"和国内外复杂的形势，使中小企业面临融资难、融资贵的困境（杨蕙馨和王海兵，2013）。《"十四五"促进中小企业发展规划》指出当前中小企业资金利用效率不高，创新金融服务模式，提高中小企业的融资可得性。数字普惠金融作为融合数字技术和普惠性特征的金融新业态，是解决当前中小企业融资难、融资效率不高的有效途径。万佳彧等（2020）认为随着数字技术和金融服务的深度结合，数字金融对企业创新质量发挥着重要作用。可以看到，金融改革和发展有利于提高企业研发投入，进而提升企业自主创新能力。数字金融区别于传统金融最明显的特征是"技术化"（郭峰等，2020），现有研究一方面从数字金融的发展现状、影响因素、风险识别与监管（邹伟和凌江怀，2018；梁榜和张建华，2019）等方面进行纯理论探讨，另一方面对数字金融如何影响经济增长（张勋等，2019）、全要素生产率等宏观层面进行实证分析。然而，数字金融与微观企业创新方面的研究相对较少，唐松等（2020）认为数字金融通过对高频数据的深度挖掘以及机器学习等算法，全方位评估企业特征，"精准"扩大服务边界推动企业创新（张勋等，2019；黄益平和陶坤玉，2019；LIN

M. et al.，2013），也有助于跟踪和监管企业创新项目进展，并提升政策促进创新激励的有效性（李春涛等，2020）。赵晓鸽等（2021）的研究表明数字金融能够有效校正传统金融的结构性问题，对民营企业创新存在结构性驱动效果。

鉴于企业创新性质和创新过程的复杂性，尤其是小微企业的固有属性，使小微企业创新的影响因素众多（雷汉云和谭卓敏，2020），其中小微企业主的异质性就是其中较为关键的影响因子。已有的文献大多针对一般企业，根据高管梯队理论得出高管的背景对于企业创新具有显著影响（彭星红和毛新述，2017；虞义华等，2018；何瑛等，2019；鲁小凡等，2021；贾俊生和刘玉婷，2021）。可以看到，已有文献对数字金融与企业创新之间的研究，以及企业高管背景经历与企业创新之间的研究较为深入，但是对小微企业这一特殊群体的企业主背景在数字金融与小微企业创新之间的调节作用关注度不够。基于此，本章以数字金融的发展为背景，重点关注数字金融对小微企业创新的激励作用，并进一步探究小微企业最主要所有者经历对数字金融与小微企业创新关系的调节作用。本章试图回答两个问题：数字普惠金融的发展能否显著促进小微企业创新；具有创业和就业经历的企业所有者是否促进了数字金融的正向作用。

5.2.2 研究设计

1. 数据介绍

本章采用的数据库（CMES）来自西南财经大学中国家庭金融调查与研究中心，该研究中心在2015年收集了具有全国代表性的小微企业数据，除新疆、西藏、青海、港澳台地区，样本囊括了全国28个省约6000家小微企业，样本指标涵盖财务、管理、投融资、政府补贴、创新发展等方面的详细信息。本章在此数据的基础上，对数据进行清理以求获得研究所需数据。首先，本章先根据工信部、统计局、发改委和财政部联合制定的《中小企业划型标准规定》筛选出符合标准的小微企业。以信息运输业为例，从业人员2000人以下或营业收入100000万元以下的为中小微型企业。其中，从业人员100人及以上，且营业收入1000万元及以上的为中型企业；从业人员10人及以上，且营业收入100万元及以上的为小型企业，反之则为微型企业，这里我们根据划分标准只选择小型和微型企业。其次，我们在筛选出小微企业样本的基础上，进一步剔除了金融行业，并且清理了员工数、营业收入、总资产缺失以及非正的数值，剔除信息缺失的样本。

2. 关键变量的设定

本章采用的是 CMES2015 的小微企业数据库，借鉴黄宇虹和捷梦吟（2018）的做法，创新变量包括是否有创新、是否有创新成果、创新投入占营业收入比重等。采用省级层面的中国数字普惠金融指数（DIFI）衡量中国金融科技水平的发展。为进一步探究数字普惠金融的哪一个层面对小微企业创新产生影响，我们还选用了金融科技的三个维度来构建数字普惠金融体系（包括覆盖广度 depth、使用深度 width 和数字支持服务 digital）（谢绚丽等，2020）。其中，第一个指标覆盖广度，主要根据地区支付宝账户数量编制而成，是数字金融的覆盖人群的评价指标；第二个指标是使用深度，其衡量的是地区实际使用互联网金融服务的频率等；第三个指标是数字支持服务程度，该指数侧重于考察地区数字金融的便利性和效率。

所有者经历：过去是否有创业经历、过去是否有工作经历。从最主要所有者过去的经历来看，过去参加过就业的企业主在原单位通常是普通员工，意识不到创新的重要性，且不愿意冒险，可以预见企业所有者的就业经历对企业创新影响为负。而具有创业经历的企业所有者，往往具有更强的市场敏感度和更远见的认识，对于创新对企业发展的作用认识更为深刻，更能促进企业创新，可以预见企业最主要所有者有创业经历对企业创新的影响为正。

此外，本章还控制了其他因素对小微企业创新的影响。

首先，本章控制了企业最主要所有者的一些特征变量。如最主要所有者的年龄、学历、受教育年限、从年龄上看，年轻的企业所有者预示着思想更先进且企业成立时间较短，在这种情况下企业往往更容易创新且创新的积极性更强，可以预见企业所有者的年龄和企业创新应该呈现负向关系。从企业所有者的学历和受教育年限来看，学历较高的企业所有者接受的知识越多，与创新成果利用和转化相关的能力也越强。因此，可以预见最主要所有者的学历和受教育年限越长，企业创新效果越好，两者呈正相关关系。

其次，本章还控制了企业层面的特征变量，包括企业的员工人数、资产、资产负债率、营业收入、所属行业等。企业规模和企业创新往往呈正相关关系，根据经典的内生增长理论，营业收入和资产较大的企业资金相对较充裕，用于研发的资金通常也较多,企业员工人数较多,进行科学研发的人员通常也较多,因此大的企业往往更重视创新,且更容易将创新转化为成果。从企业的资产负债率来看,由于企业创新具有风险大、周期长的特点,所需的资金投入较多,如果企业负债较高,创新就容易因资金链断裂导致创新夭折。由于数据可得性,本章所采用的数据库无法识别所有负债,借鉴黄宇虹和捷梦吟(2020)的做法,采用银行借款和民间借款总额测度企业负债总额。本章还根据国家统计局国民经济行业分类以及 CMES 样本中关于行业的分布,将所有企业细分为 23 个行业。此外,鉴于研究样本的有限性,避免因哑变量较多导致模型估计结果不稳定,本章还采用了各省的人均 GDP 来控制地区之间的差异。互联网普及率 internet(根据中国互联网络信息中心每年发布的《中国互联网络发展状况统计报告》整理的)。相关控制变量的设定与赋值方法如表 5-1 所示。

表 5-1　　相关变量的设定与赋值

变量	变量属性	定义与度量
rd 是否有创新	被解释变量	是否有创新,有=1,无=0
rd_spend 研发支出	被解释变量	创新投入/营业收入
rd_output 研发成果	被解释变量	是否有专利产出,有=1,无=0
fin 数字普惠金融总指数	解释变量	北大数字普惠金融总指数
width 覆盖广度指数	解释变量	账户覆盖率
depth 使用深度指数	解释变量	支付、信贷、保险、投资、征信业务
digital 数字支持服务指数	解释变量	便利性、金融服务成本
qianchuang 创业经历	控制变量	企业最主要所有者是否有创业经历
qianjiu 就业经历	控制变量	企业最主要所有者是否有就业经历
Age 年龄	控制变量	最主要所有者的年龄
Xueli 学历	控制变量	最主要所有者的学历
Lnasset 总资产	控制变量	总资产的对数
Lnrevenue 营业收入	控制变量	营业收入的对数(元)
lnemp 员工数	控制变量	员工人数的对数(人)
lneverage 资产负债率	控制变量	银行贷款与民间借款总额与总资产的比值
Lnpgdp 人均 gdp	控制变量	各省人均 GDP 的对数(元)
Internet 互联网普及率	控制变量	各省份互联网普及率

3. 描述性统计

本章采用的主要变量的描述性统计结果如表 5-2 所示，借鉴表中的数据进行初步分析。在创新指标方面，小微企业参与创新的平均值为 0.33，说明约有 33.3% 的小微企业主动进行研发创新，可见只有部分小微企业能够意识到创新的重要性，仍有很大的创新发展空间。从创新成果来看，只有 18.5% 的小微企业成功获得专利成果，说明在样本企业中 44.4% 的创新并未产生专利成果，即以失败告终。从数字金融指标来看，数字金融总指数 DIFI 的平均值为 25.101，而最小值和最大值分别为 154.62 和 239.53，说明各地区之间由于地方发展、政策环境以及行业竞争等多方面因素的影响，导致数字金融存在明显的地域差异。在此，从企业所有者经历来看，小微企业主创业经历的比例为 36.6%，就业经历的均值为 0.707，说明大多数小微企业主有就业经历，可以预见所有者经历对于企业未来发展的重要性不容忽视。在控制变量的指标方面，小微企业主的年龄均值为 43 岁，最大值和最小值分别为 18 岁和 107 岁，年龄差异较大。学历均值为 4.8，说明大部分小微企业主只具有小学水平，整体受教育水平偏低。

表 5-2 主要变量的描述性统计情况

变量	平均值	标准差	最小值	最大值
rd	0.333	0.471	0	1
rd output	0.185	0.388	0	1
DIFI	193.634	25.101	154.62	239.53
width	184.854	30.074	139.9	243.92
depth	176.266	37.569	107.29	242.78
digital	254.187	15.168	230.71	300.84
qianchuang	0.366	0.482	0	1
qianjiu	0.709	0.455	0	1
age	43.15	10.10	18	107
xueli	4.877	1.712	1	9
lnasset	13.96	2.117	0	19.52
lnrevenue	13.85	1.736	2.303	18.20
lnemp	2.560	1.010	0	7.074
lnpgdp	1.666	0.421	0.923	2.366

5.2.3 模型估计

为了检验数字金融、所有者经历与小微企业创新之间的关系，本章构建如下 Probit 模型：

$$\text{prob}(rd=1) = \alpha_0 + \alpha_1 \text{difi} + \alpha_2 \text{control} + \varepsilon_i \quad (5-1)$$

其中，被解释变量 rd 代表企业创新，当企业有创新投入时，变量 rd 赋值为 1，否则赋值为 0。此外，借鉴黄宇虹和捷梦吟（2020）的思想，本章还进一步使用企业是否成功申请到专利 rd_output 作为方程 5-1 的被解释变量，并用 tobit 模型进行重新估计。解释变量为数字金融，控制变量包括企业层面的年龄、学历、受教育年限、既往经历、资产、员工数、资产负债率等和宏观层面各省份人均 GDP 等。ε 为随机扰动项。

然后检验所有者经历对数字金融与小微企业创新之间的调节作用，构建如下模型进行估计。

$$\text{prob}(rd=1) = \beta_0 + \beta_1 \text{difi} + \beta_2 \text{qianchuang} + \beta_3 \text{DIFI} \times \text{qianchuang}$$
$$+ \varphi \text{control} + \varepsilon_i \quad (5-2)$$

$$\text{prob}(rd=1) = \gamma_0 + \gamma_1 \text{difi} + \gamma_2 \text{qianchuang} + \gamma_3 \text{DIFI} \times \text{qianchuang}$$
$$+ \varphi \text{control} + \varepsilon_i \quad (5-3)$$

其中，调节变量 qianhcuang 代表小微企业主具有创业经历，变量 qianjiu 代表小微企业主具有就业经历，β_0、γ_0 分别为式（5-2）和式（5-3）中的截距项，其他变量的定义不变。

1. 数字金融与小微企业创新的回归结果

由于本章使用的被解释变量创新（rd）为 0—1 二元值，所以采用 probit 模型进行回归分析，表 5-3 报告了数字普惠金融指数以及三个维度的子指标作为解释变量对创新的回归结果。其中，奇数列报告了未加入任何控制变量的回归结果，偶数列报告的是加入控制变量后的回归结果。从回归结果可以看出，数字金融 DIFI 对小微企业创新的回归系数分别为 0.630 和 1.813，均在 1% 的水平下显著为正，和预期结果一致，数字金融对小微企业创新的结果为正向促进作用。数字金融作为数字技术和金融服务融合的高科技产物，相较于传统金融具有可触达性强、服务效率高的特点，一定程度上迎合了小微企业这类"长尾群体"的金融需求，所以有助于企业创新和发展。从三个维度的子指标回归系数来看，覆盖广度（width）、使用深度（depth）和数字支持服务（digital）对小微企业创新 rd 的回归结果均显著为正，其中覆盖广度（width）的回归系数更高，说明数字金融的覆盖面广这一显著特点，对小微企业创新的促进作用更强。此外，从各控制变量的相关系数看，企业资产（lnasset）、企业主学历（xueli）、企业规模（lnemp）的影响系数显著为正，说明企业的规模越大、企业盈利能力越强、企业主的学历越高，那么小微企业的创新能力越强。小微企业主学历越高，说明知识和阅历更广，更能意识到创新的重要性，因此有助于企业创新。企业营业收入（lnrevernue）的影响系数为负，说明企业营业收入越高，企业越自信，墨守成规、按部就班地按照原有模式进行发展，不利于创新。小微企业主的年龄（age）的影响系数显著为负，说明年龄越大的企业主思想较为保守，接触的新鲜事物也较少，相较于年轻企业主更不利于创新。

表 5–3　　数字金融对小微企业创新的影响

变量	(1) rd	(2) rd	(3) rd	(4) rd	(5) rd	(6) rd	(7) rd	(8) rd
DIFI	0.630*** (0.203)	1.830*** (0.948)						
width			0.535*** (0.163)	1.439** (0.766)				
depth					0.384*** (0.121)	0.551** (0.352)		
digital							0.174** (0.441)	0.512* (0.717)
控制变量	不控制	控制	不控制	控制	不控制	控制	不控制	控制
地区效应	不控制	控制	不控制	控制	不控制	控制	不控制	控制
行业效应	不控制	控制	不控制	控制	不控制	控制	不控制	控制
Observations	2509	1468	2509	1468	2509	1468	2509	1468
Pseudo R^2	0.004	0.090	0.004	0.089	0.004	0.089	0.010	0.090

注：*、**、*** 分别代表在 10%、5% 和 1% 的水平下显著；括号内为稳健标准误差。

2. 数字金融、所有者经历与小微企业创新的回归分析

进一步，在加入企业所有者经历作为中介解释变量后，可验证小微企业所有者经历对企业创新的影响，以及所有者经历对数字金融与企业创新之间的调节作用机制，这里依然使用的是 probit 模型进行估计，回归结果如表 5–4 所示。

表 5-4 数字金融、所有者经历对小微企业创新的影响

变量	(1) rd	(2) rd	(3) rd	(4) rd
DIFI	0.727*** (0.333)	0.653*** (0.344)	0.592*** (0.335)	0.649*** (0.375)
qianchuang	0.111*** (0.0253)	0.796*** (1.032)		
DIFI × qianchuang		0.130*** (0.196)		
qianjiu			0.0160*** (0.0289)	0.520*** (1.206)
DIFI × qianjiu				0.102** (0.230)
控制变量	控制	控制	控制	控制
地区效应	控制	控制	控制	控制
行业效应	控制	控制	控制	控制
Observations	2080	2080	2099	2099
Pseudo R^2	0.025	0.105	0.010	0.098

注：*、**、*** 分别代表在10%、5%和1%的水平下显著；括号内为稳健标准误差。

从回归结果可以看出，在加入小微企业主的就业和创业经历变量及其交互项后，数字普惠金融 DIFI 对小微企业创新 rd 的回归系数仍然显著为正，所有者经历的回归系数在1%的显著水平下为正，这说明具有创业经历的小微企业主往往具有更强的市场敏感度和更远见的认识，对于创新对企业发展的作用认识更为深刻，更能促进企业创新。小微企业主的经历和数字普惠金融的交互项也在1%的显著水平下为正，说明小微企业主的创业经历和就业经历均强化了数字金融对小微企业的创新作用。

5.2.4 稳健性检验

1. 稳健性检验

为了增强结论的稳健性，本章尝试做以下稳健性检验：（1）替换估计模型。采用 Tobit 模型重新进行估计。（2）替换企业的创新指标。基本回归结

果中采用的企业是否主动创新的 0—1 二元值，本部分在稳健性检验中采用是否成功申请专利成果的变量 rd_output，即用创新效果作为创新的替代变量重新进行估计。如果成功申请专利，赋值为 1，反之赋值为 0。稳健性检验估计结果如表 5-5 和表 5-6 所示。稳健性检验的结果与前文估计结果基本一致，进一步证明了本章研究结论的稳健性。

表 5-5　　　　　　　　　Tobit 模型估计结果

变量	(1)	(2)	(3)	(4)
	rd	rd	rd	rd
DIFI	0.624*** (0.959)	0.833*** (0.992)	0.926*** (0.958)	0.817*** (1.073)
qianchuang	0.317*** (0.0723)	2.756*** (2.961)		
DIFI × qianchuang		0.464*** (0.563)		
qianjiu			0.0421*** (0.0832)	1.331*** (3.461)
DIFI × qianjiu				0.261*** (0.658)
控制变量	控制	控制	控制	控制
地区效应	控制	控制	控制	控制
行业效应	控制	控制	控制	控制
Observations	2434	2434	2451	2451

注：*、**、*** 分别代表在 10%、5% 和 1% 的水平下显著；括号内为稳健标准误差。

表 5-6　　　　　　　　　换成创新产出的回归结果

变量	(1)	(2)	(3)	(4)	(5)
	rd_output	rd_output	rd_output	rd_output	rd_output
DIFI	0.158*** (0.108)	0.665*** (0.395)			
width			0.436*** (0.325)		
depth				0.287*** (0.144)	

续表

变量	(1) rd_output	(2) rd_output	(3) rd_output	(4) rd_output	(5) rd_output
digital					0.704** (0.292)
qianjiu		-0.0264*** (0.0347)	-0.0278** (0.0347)	-0.0247*** (0.0347)	-0.0259** (0.0346)
qianchuang		0.0119** (0.0295)	0.0112* (0.0295)	0.0136** (0.0294)	0.0125* (0.0294)
控制变量	控制	控制	控制	控制	控制
地区效应	控制	控制	控制	控制	控制
行业效应	控制	控制	控制	控制	控制
Observations	2152	2023	2023	2023	2023
R-squared	0.003	0.076	0.074	0.078	0.080

注：*、**、*** 分别代表在10%、5%和1%的水平下显著；括号内为稳健标准误差。

2. 内生性问题

本章前半部分已经验证了数字金融与小微企业创新之间的正相关关系，并指出所有者经历的这一调节作用变量。对于本章的内生性问题，虽然我们采用了两个宏微观数据库的匹配，一定程度上降低了反向因果性，但仍然可能存在遗漏变量的问题。基于此，本章参照谢绚丽等（2018）的做法，选用各地区互联网普及率作为数字普惠金融的工具变量，相应的 ivprobit 模型估计结果如表5-7所示。通过工具变量法的回归结果可以看到，数字金融的估计系数依然显著为正，这也进一步证明本章结论的准确性。

表5-7　　　　工具变量法的回归结果

变量	(1) rd	(2) rd
DIFI	0.137*** (0.215)	0.006*** (2.748)
qianchuang	0.112*** (0.0254)	
qianjiu		0.0174*** (0.0289)

续表

变量	(1)	(2)
	rd	rd
控制变量	控制	控制
地区效应	控制	控制
行业效应	控制	控制
Observations	1424	1468
R-squared	0.104	0.0779

注：*、**、*** 分别代表在10%、5%和1%的水平下显著；括号内为稳健标准误差。

3. 异质性分析

为了进一步验证回归结果的稳健性，本章进一步考察数字金融对小微企业将创新的影响自不同区域间是否存在异质性。据此，本章将所有样本对东、中、西部，从表5-8第（1）—（4）列可以看出，中西部地区的数字金融指标对小微企业创新显著水平明显比东部地区显著，回归系数也是如此，说明数字金融在不同区域间具有明显的异质性。结果表明，相对于东部较为发达的地区，数字金融对中部和西部等欠发达地区的作用效果更为显著，这也进一步说明了数字普惠金融的普惠性和可触达性。

表5-8　区域异质性分析

变量	(1)	(2)	(3)
	rd	rd	rd
DIFI	1.597* (0.978)	1.695** (2.010)	2.555*** (3.774)
qianjiu	0.192** (0.0949)	0.244* (0.144)	0.0916 (0.139)
qianchuang	0.297*** (0.0855)	0.173** (0.139)	0.314*** (0.119)
控制变量	控制	控制	控制
地区效应	控制	控制	控制
行业效应	控制	控制	控制
Observations	1091	439	536

注：*、**、*** 分别代表在10%、5%和1%的水平下显著；括号内为稳健标准误差。

5.3 政企关系与小微企业创新

5.3.1 研究背景

"关系"的存在一定程度上可以助力企业的创新与发展，学术界和政策界也都肯定了关系之于企业的作用，良好的政企关系能够帮助企业获得优质资源和缓解信贷约束（黄宇红和捷梦吟，2018；戴亦一等，2014）。小微企业不同于大中型企业，其固有的属性决定了创新与发展的难度要高很多，为此建立良好的政企关系甚为重要，这不仅能使小微企业走得更远，也能飞得更高。小微企业主动建立一些政企关系能够为其谋求一定的贷款、税收补贴、政策优惠等好处，对促进其创新具有重要的理论和现实意义。不少研究表明，企业履行社会责任可以帮助建立一定的政企关系（李姝和谢晓嫣，2014）。从整个宏观层面看，近年来随着中国在世界上的地位不断提升，以及信息化和市场化程度的不断提高，企业更加意识到履行社会责任是极其重要的，履行社会责任能够使得企业社会声誉得以提升，有助于吸引技术人才，创新人才的引进必然使得企业能够持续创新（Bhattacharya C B.，2008）。小微企业可以通过履行社会责任从而建立一定的政企关系，从而为创新发展提供外部基础。创新对于小微企业来讲可以说是重中之重，要想在激烈的竞争中生存，必然要创新要改进，而政企关系的确立可以帮助小微企业获得更多的外部资源，如缓解融资约束等（于蔚等，2012）。通过梳理现有文献，我们发现目前的研究文献大多基于关系与企业创新的关系，而从社会责任角度对两者之间的关系进行研究的相对较少，针对小微企业方面的研究更是少之又少，本章试图指出一条清晰的促进小微企业创新的现实路径及其作用机制，从而更好地促进我国小微企业创新和发展。

5.3.2 研究设计

1. 研究假设

本章将以企业所有者的行业协会关系、招待费两方面作为政企关系的指标，试图研究政企关系对小微企业创新的影响，进一步将会从社会责任的视角来讨论这一过程的影响机制。

企业创新研发具有周期长、风险大的特点，想要实现技术创新必然需要良好的外部环境做支撑，保持良好的政企关系可以使企业能够对市场变化及时作出反应，通过政府制定合适的政策来促进企业创新（李德山等，2021）。影响创新的一大约束为融资约束，良好的政企关系能为企业带来政府补贴、银行贷款等利益，进而促进企业创新（戴亦一等，2014；于蔚等，2012；罗党论等，2009）。对于小微企业来说，各方面的"微小"使良好的政企关系显得更为重要，当前是政府大力鼓励万众创新的时期，建立政企关系可以使得企业能获得较多的创新补贴、税收减免等方面的信息，也对创新产生助推作用。基于此，提出本章研究假设1：

研究假说1：良好的政企关系对于小微企业创新行为具有促进作用。

企业社会责任的履行可以降低信息不对称带来的负面影响，通过建立良好声誉向利益相关者传递正面信息，这其中就包括诸如政府、金融机构等，进而能够获得更多地贷款和融资（孙回回，2010；Elkington，1998），为企业创新提供资金来源。社会责任履行较好的企业往往在获取新的知识上更加得心应手，能够获得更多的创新方面的信息（Cassiman b，2006），为企业创新提供必要的知识支撑。此外，企业履行诸如捐赠行为的社会责任，是在向社会传递企业价值文化，具有正向引导作用，有助于企业吸引核心技术人才，助力企业创新（Bhattacharya，2008）。基于此，提出本章研究假说2：

研究假说2：履行社会责任对于小微企业创新行为具有促进作用。

此外，小微企业天然受到歧视，良好的政企关系具有一定的不稳定性，履行社会责任可以使企业维持甚至提升政企关系。根据利益相关者理论，积极履行社会责任作为社会保障的一部分，更容易获得政府认可，有助于企业获得税收优惠、政府补贴等资源，缓解企业创新的融资约束难题（顾群等，2019）。基于此，提出本章研究假说3：

研究假说3：政企关系和社会责任的交互效应能够促进小微企业创新。

2. 数据介绍

本章采用的数据库（CMES）来自西南财经大学中国家庭金融调查与研究中心，该研究中心在2015年收集了具有全国代表性的小微企业数据，除新疆、西藏、青海、港澳台地区,样本囊括了全国 28 个省约 6000 家小微企业,样本指标涵盖财务、管理、投融资、政府补贴、创新发展等方面的详细信息。本章在此数据的基础上,对数据进行清理以求获得研究所需数据。首先,本文先根据工信部、统计局、发改委和财政部联合制定的《中小企业划型标准规定》筛选出符合标准的小微企业。以信息运输业为例,从业人员 2000 人以下或营业收入 100000 万元以下的为中小微型企业。其中,从业人员 100 人及以上,且营业收入 1000 万元及以上的为中型企业;从业人员 10 人及以上,且营业收入 100 万元及以上的为小型企业,反之则为微型企业,这里我们根据划分标准只选择小型和微型企业。其次,我们在筛选出小微企业样本的基础上,进一步剔除了金融行业,并且清理了员工数、营业收入、总资产缺失以及非正的数值,剔除信息缺失的样本后有 2517 个样本。

3. 关键变量的设定与统计分析

考虑到本章采用的是 CMES 2015 的小微企业数据库,创新有所以借鉴黄宇虹和捷梦吟(2018)的做法,创新变量包括是否有创新、是否有创新成果、创新投入占营业收入比重等。

政企关系界定较为宽泛,包含企业和政府之间进行活动所需要的经济、政治、社会、文化、制度等各个方面的因素。本章根据 CMES2015 调查问卷及李德山等(2021)的做法,采用"是否加入相关行业协会""相关政府的招待费"作为政企关系的代理变量。

关于社会责任变量的度量目前学界并没有统一定义,根据利益相关者理论,企业通过捐赠以及缴纳税费可以向社会传递信号和正能量,是履行社会责任的体现。基于此,参照李姝(2014)的做法,本章主要从"企业是否进行公益捐赠""公益捐赠总额""企业缴纳的税费总额"三个方面测度社会责任。

此外,本章还控制了其他因素对小微企业创新的影响。

首先,控制了企业最主要所有者的一些特征变量。如最主要所有者的年龄、学历、受教育年限、过去是否有创业经历、过去是否有工作经历。从年龄上看,年轻的企业所有者预示着思想更先进且企业成立时间较短,在这种情况下企业往往更容易创新且创新的积极性更强,可以预见企业所有者的年龄和企业创新应该呈现负向关系。从企业所有者的学历和受教育年限来看，学历较高的企业所有者接受的知识越多，与创新成果利用和转化相关的能力也越强。因此，可以预见最主要所有者的学历和受教育年限越长，企业创新效果越好，两者呈正相关关系。从最主要所有者过去的经历来看，过去参加过创业或者有工作的企业所有者，往往具有更强的市场敏感度和更远见的认识，对于创新对企业发展的作用认识更为深刻，更能促进企业创新，可以预见企业最主要所有者的创业或工作经历对企业创新的影响为正。

其次，本章还控制了企业层面的特征变量，包括企业的员工人数、资产、资产负债率、营业收入、所属行业等。企业规模和企业创新往往呈正相关关系，根据经典的内生增长理论，营业收入和资产较大的企业资金相对较充裕，用于研发的资金通常也较多，企业员工人数较多，进行科学研发的人员通常也较多，因此大的企业往往更重视创新，且更容易将创新转化为成果。从企业的资产负债率来看，由于企业创新具有风险大、周期长的特点，所需的资金投入较多，如果企业负债较高，创新就容易因资金链断裂导致创新夭折。由于数据可得性，本章所采用的的数据库无法识别所有负债，借鉴黄宇虹和捷梦吟（2020）的做法，采用银行借款和民间借款总额测度企业负债总额。本章还根据国家统计局国民经济行业分类以及 CMES 样本中关于行业的分布，将所有企业细分为 23 个行业。此外，鉴于研究样本的有限性，避免因哑变量较多导致模型估计结果不稳定，本章还采用了各省的人均 GDP 来控制地区之间的差异。

本章采用的主要变量和控制变量的描述性统计结果如表 5-9 所示。变量 R&D、R&D output 均值分别为 33.3%、18.5%，说明在样本企业中 44.4% 的创新并未产生专利成果，即以失败告终。从企业政企关系的指标看，在小微企业中约有 32.5% 的样本企业存在政企关系，说存在政企关系的企业较为普遍。从企业社会责任的指标来看，小微企业主动参与捐赠的比例达到 28.2%，在企业的捐赠额方面，有些企业没有参与捐赠，而有些企业捐赠额的对数值达到 14.91%，可见企业间的差异较大。从控制变量的指标看，企业最主要所有者的年龄差异较大，最小的有 18 岁，年龄最大的有 107 岁。企业最主要所有者以前的就业或创业经历在小微企业中广泛存在，分别占到了 70.7% 和 36.6%。

表 5-9　主要变量的描述性统计

变量	平均值	标准差	最小值	最大值
lrd spend	9.530	2.238	0	13.02
rd	0.333	0.471	0	1
rd output	0.185	0.388	0	1
institute	0.325	0.468	0	1
lnmoney	5.702	5.118	0	15.20
lndonantion	8.275	1.811	0	14.91
dona	0.282	0.450	0	1
lntax	8.204	5.051	0	16.80
lnpwage	7.904	1.312	0	11.41
lnnpwage	7.476	1.730	0	11.00
age	43.15	10.10	18	107
qianchuang	0.366	0.482	0	1
qianjiu	0.709	0.455	0	1
xueli	4.877	1.712	1	9
lnasset	13.96	2.117	0	19.52
lnrevenue	13.85	1.736	2.303	18.20
lnemp	2.560	1.010	0	7.074
lneverage	1.123	1.592	0.0133	8
lnpgdp	1.666	0.421	0.923	2.366

4. 模型估计

为了检验政企关系、社会责任与小微企业创新之间的关系，本章构建如下 Probit 模型：

$$\text{prob}(rd=1) = \alpha_0 + \alpha_1 \text{guanxi} + \alpha_2 \text{control} + \varepsilon_i \tag{5-4}$$

其中，被解释变量 rd 代表企业创新，当企业有创新投入时，变量 rd 赋值为 1，否则赋值为 0。此外，借鉴黄宇虹和捷梦吟（2020）的思想，本章还进一步使用企业研发总支出 rd_spend 和是否成功申请到专利 rd_output 作为方程 5-4 的被解释变量，并用 tobit 模型进行重新估计。解释变量为政企关系、社会责任以及两者的交互项，我们将分别解释他们对企业创新的影响。控制变量包括企业层面的年龄、学历、受教育年限、既往经历、资产、员工数、资产负债率等和宏观层面各省份人均 GDP 等。ε 为随机扰动项。

5.3.3 基本回归结果

表 5-10 报告了 Probit 和 Tobit 模型回归后的边际效应。从结果中可以看出，企业加入相关行业协会界定的政企关系对企业创新的影响显著为正，这说明政企关系不仅会显著增加企业创新投入，还会增加创新成果形成的概率。具体来看，加入相关行业协会的企业比没参与相关行业协会的创新以及形成创新成果的概率显著增加，分别为 17.0%、4.63%。如果企业主要所有者过去有创业经历，那么企业主动开展创新将增加 26.6% 概率，成功申请到专利成果的概率将增加 4.63%。相似的，如果企业最主要所有者有就业的经历，那么相应的主动参与创新以及形成创新成果的概率将会分别增加 14.1%、2.62%。从企业的税费来看，企业主动缴纳税额和主动参与创新呈负向关系，增加缴税创新概率将会降低 0.1%。这可能是因为创新需要投入的资金多、风险大，企业缴纳税额过多会使得可用于创新的资金变少，进而抑制创新。而形成创新成果的概率却增加了 1.92%，说明企业主动参与缴税，可以建立良好的社会信誉和政企关系，有利于专利成果的成功申请。从其他控制变量看，企业家年龄和企业创新负相关，说明企业最主要所有者的年龄越大，越不利于创新。说明年龄较大的企业家思想较为保守，不愿意承担创新带来的风险。企业规模和企业创新程正相关关系，即企业规模越大，越有利于创新，说明企业规模越大一方面更知道创新对企业发展的重要性，另一方面有较多的资金满足创新需要。最主要所有者的学历越高，对创新与企业发展关系的重要性认识更清晰，知识阅历更丰富，越有利于创新。

进一步，我们以社会责任为主要自变量对创新进行回归。从表 5-11 的回归结果可以看出，企业主动参与捐赠这一社会责任的履行有助于提高企业主动创新以及创新成功的概率，分别提高 17.4% 和 13.9%。企业创新与社会责任的履行显著正相关，且在 5% 的水平下显著。而企业创新成功的概率与社会责任呈正相关但并不显著，根据利益相关者理论和信号理论，这可能是因为履行社会责任会向社会传递良好的企业文化和价值,建立良好的社会关系,有助于募集资金进行研发创新。而创新能否成功取决于多种主观或客观的因素,企业自身的能力和社会环境都可能会影响创新成功的概率,而履行社会责任会一定程度上提高企业创新成功的概率。此外,从控制变量来看,企业资产每增加 1 个单位,企业主动参与研发创新以及创新成功的概率将会分别提高 5.65% 和 2.05%,并在 5% 和 1% 的水平下显著,可见资产的增加将显著增加小微企业的创新。

表 5-10　　　　　　　　政企关系与小微企业创新

变量	(1) Probit rd	(2) Probit rd_output	(3) Tobit rd	(4) Tobit rd_output
institute	0.170*** (0.0736)	0.0463*** (0.151)	0.0578*** (0.0248)	0.0156*** (0.0347)
控制变量	控制	控制	控制	控制
地区效应	控制	控制	控制	控制
行业效应	控制	控制	控制	控制
Observations	1663	1483	1663	1483

注:括号中为回归系数标准差,聚类到省级层面;* 表示 $p<0.1$,** 表示 $p<0.05$,*** 表示 $p<0.01$。

表 5-11　　　　　　　　社会责任与小微企业创新

变量	(1) Probit rd	(2) Probit rd_output	(3) Tobit rd	(4) Tobit rd_output
dona	0.174** (0.0733)	0.139 (0.151)	0.0588** (0.0247)	0.0318 (0.0347)
控制变量	控制	控制	控制	控制
地区效应	控制	控制	控制	控制
行业效应	控制	控制	控制	控制
Observations	1663	1483	1663	1483

注:括号中为回归系数标准差,聚类到省级层面;* 表示 $p<0.1$,** 表示 $p<0.05$,*** 表示 $p<0.01$。

5.3.4 机制分析

考虑到政企关系的存在会导致企业社会责任感的增强,而企业社会责任的履行对创新也有显著的推动作用。表5-12将政企关系和社会责任做交互项,系统考察两者对小微企业创新的影响机制。从表5-12中回归结果可以看出,政企关系(institute)与社会责任(dona)的交乘项在5%的水平下显著正相关,说明企业在主动参与捐赠这一社会责任的履行会增强政企关系与小微企业创新两者之间的正向作用,使企业更容易创新。

表5-12　　政企关系、社会责任与小微企业创新

变量	(1)	(2)	(3)
	rd	rd	rd
institute	0.212*** (0.0727)		
dona		0.230*** (0.0721)	
Institute × dona			0.0316** (0.0148)
控制变量	控制	控制	控制
地区效应	控制	控制	控制
行业效应	控制	控制	控制
Observations	1664	1664	1464

注:括号中为回归系数标准差,聚类到省级层面;* 表示 $p<0.1$,** 表示 $p<0.05$,*** 表示 $p<0.01$。

5.3.5 稳健性检验

为了验证回归结果的稳健性,本章借鉴相关文献主要进行了以下两种稳健性检验:(1)将因变量创新换成研发支出,回归结果依然显著,即政企关系和社会责任的履行对企业创新支出具有显著的正向推动作用,且在5%的水平下显著(见表5-13)。(2)分样本回归。考虑到东、西部地区面临的竞争环境不同,可能导致不同的机制在区域之间存在显著的差异。表5-14的

回归结果表明,相比中部地区,政企关系和社会责任对于小微企业创新的提升作用在东部和西部地区更为明显,这可能是因为东部地区的金融结构更为发达,资金较为充裕,而西部地区政策扶持力度较大,也有助于创新导致的(见表 5-14)。

表 5-13　　　　　　　稳健性检验(研发支出变量)

变量	(1)	(2)
	lrd_spend	lrd_spend
institute	0.132**	
	(0.0571)	
dona		0.365**
		(0.175)
	(0.442)	(0.566)
控制变量	控制	控制
地区效应	控制	控制
行业效应	控制	控制
Observations	1173	1133

注:括号中为回归系数标准差,聚类到省级层面;* 表示 $p<0.1$,** 表示 $p<0.05$,*** 表示 $p<0.01$。

表 5-14　　　　　　政企关系、社会责任的地区异质性

变量	(1)	(3)	(4)	(5)	(6)	(7)
	rd	rd	rd	rd	rd	rd
institute	0.187*	0.0789	0.345**			
	(0.107)	(0.161)	(0.135)			
dona				0.214**	0.0947	0.329**
				(0.103)	(0.158)	(0.141)
控制变量	控制	控制	控制	控制	控制	控制
地区效应	控制	控制	控制	控制	控制	控制
行业效应	控制	控制	控制	控制	控制	控制
Observations	1834	1381	1449	1832	1382	1450

注:括号中为回归系数标准差,聚类到省级层面;* 表示 $p<0.1$,** 表示 $p<0.05$,*** 表示 $p<0.01$。

5.4 本章小结

小微企业是"十四五"时期推动企业技术创新,提高我国自主创新能力的重要着力点,也是国家鼓励万众创新的重点关注群体。数字金融作为对传统金融的补充,为小微企业创新带来了发展契机。本章以小微企业为样本,采用西南财经大学的中国小微企业调查(CMES)数据库,与地区的数字普惠金融指数进行匹配,从多种维度讨论数字金融对小微企业创新的影响,并进一步探究小微企业主经历对数字金融与企业创新之间的调节作用机制。结果表明,地区数字金融的发展显著促进了小微企业的创新,在考虑了内生性问题和一系列稳健性检验之后,结论仍然成立。通过企业所有者经历这一调节机制发现,小微企业所有者经历能够显著促进地区数字金融发展对企业创新的正向调节作用。此外,通过异质性分析发现,相对于东部发达地区,数字金融对中西部等欠发达地区的作用效果更为显著,这也进一步说明了数字普惠金融的普惠性和可触达性。

此外,本章试图从政企关系和社会责任履行这一角度进一步探讨小微企业创新的背后影响机制。可以看到,在小微企业群体中,政企关系确实较为普遍,建立良好的政企关系能够在市场机制尚不健全的条件下寻找替代机制,有利于企业创新发展。通过借助 CMES 小微企业调查数据库的实证分析发现,政企关系和社会责任均能显著提高小微企业的技术创新能力,在主动参与创新以及创新成果形成方面都有显著的正向作用,社会责任的履行能够强化政企关系对小微企业创新的正向作用。通过稳健性检验发现,政企关系和社会责任的履行对企业创新的促进作用依然显著,而东部西部地区较中部地区企业创新效果显著,这说明确实存在地域影响效应的异质性。

本研究从新发展格局下数字金融和政企关系的角度拓展了企业微观创新的研究,并与企业所有经历以及企业社会责任这一内部治理相结合,为解决中国小微企业创新不足这一难题提供了理论借鉴和实践指导。本章的研究具有以下几个政策启示:第一,积极稳妥地推进数字金融发展,扩大数字金融的覆盖程度、使用深度和数字化程度,促进金融资源配置的均质性和普惠性。此外,要强化对数字金融技术的监管,引导和规范其资金流向,使数字金融真正发挥缓解企业融资约束、推动企业研发创新的作用，防止通过数字金融聚集的大量资金脱实向虚。第二，小微企业应充分意识到所有者经历可能对创新带来的影响，通过加大对员工的培训和拓展经历，促进企业创新。第三，小微企业在内部决策过程中，要高度重视最主要所有者对资金使用的意见，尤其是在进行研发创新决策时，切实做到"专业人做专业事"，在小微企业内部形成鼓励研发创新的良好环境。第四，小微企业通过建立良好的政企关系，将履行社会责任作为企业内生发展的重要战略，可以实现市场和企业的共赢。在现阶段我国的市场经济尚有需要完善的地方，为此也可以作为实现小微企业发展的现实路径。

第6章

结论与政策建议

6.1 主要结论

本书基于理论和实证分析，系统梳理新发展格局下数字经济、数字金融、绿色金融在企业创新中发挥的作用机制。数字经济和"双碳"目标作为新发展格局下的重要背景，成为提升企业创新的重要推动力。本书主要以企业创新为研究对象，将数字经济、数字金融、绿色金融纳入企业创新的影响因素中，通过理论机制和计量分析检验其对企业创新的影响机理，并针对小微企业创新也开展了部分相关研究。研究结果表明，数字经济、数字金融、绿色金融均可以显著促进企业创新，机制分析和稳健性检验进一步验证了结论。本书为新发展格局下创新驱动企业发展提供了一定的理论支撑和实践参考。具体来讲，主要的结论有：

第一，本书基于中国城市面板数据，分别通过熵值法和主成分分析法构建数字经济指数，并与沪深 A 股上市公司数据进行匹配，以检验数字经济对企业创新的影响。其次，运用 DEA – Tobit 两阶段模型衡量管理者能力，通过 Herfindal – Hirschman 指数法构建高管团队异质性指标，检验管理者能力以及高管团队异质性在数字经济与企业创新之间的调节作用。研究结果表明，数字经济与企业技术创新显著正相关，即数字经济的发展有助于提高企业创新能力，管理者能力在数字经济与企业创新之间具有负向调节作用。而高管团队异质性对该作用影响呈现差异性。其中，性别异质性具有负向调节作用，教育背景异质性具有正向调节作用，稳健性检验进一步发现，数字经济发展对面临强融资约束的企业、大型企业、中西部企业以及民营企业的创新能力促进效果更显著。本章内容的研究为推动企业数字化转型以及激励企业创新提供了理论支撑，也为我国的数字经济发展提供了一定的借鉴和参考。

第二，本书将城市层面的北京大学数字普惠金融指数与中国沪深 A 股上市公司数据进行匹配，从多角度检验数字金融对企业创新的影响，然后通过构建的高管团队异质性指标实证检验了高管团队异质性的调节效应。研究发现，数字金融发展和覆盖广度、使用深度、数字支持服务程度三个维度均会显著提高企业创新水平，而高管团队年龄、性别、教育背景以及职业背景方面的异质性对该作用影响呈现差异性。其中，年龄和职业背景异质性具有正向调节作用，而性别和教育背景异质性具有负向调节作用，稳健性检验进一步验证了结论。本章内容的研究丰富了数字金融影响企业创新的相关研究，并为金融市场如何更好地服务实体经济提供了理论依据和政策参考。

第三，本书以中国沪深A股非金融上市企业为研究样本，对绿色金融发展与企业创新的促进作用以及企业社会责任履行在绿色金融发展与企业创新之间的调节作用进行理论分析与实证检验。研究结果表明：首先，绿色金融发展对企业创新具有显著的促进作用；其次，企业社会责任的履行能够正向调节绿色金融与企业创新间的正向作用。稳健性检验进一步表明，相较于小型企业、中西部企业以及2016年以后的企业，绿色金融发展对于大型企业、东部企业以及2016年以前的企业均已发挥了更大的作用，这说明当前绿色金融指标构建体系仍需进一步完善，将企业资源引出、地区因素等引入评价体系，适度向小微企业和中西部欠发达地区倾斜，使绿色金融能够惠及所有地区，实现共同富裕、万众创新的作用。

第四，本书针对新发展格局下小微企业创新得出相关研究结论。小微企业是"十四五"时期推动企业技术创新，提高我国自主创新能力的重要着力点，也是国家鼓励万众创新的重点关注群体。数字金融作为对传统金融的补充，为小微企业创新带来了发展契机。本书以小微企业为样本，采用西南财经大学的中国小微企业调查（CMES）数据库，与地区的数字普惠金融指数进行匹配，从多种维度讨论数字金融对小微企业创新的影响，并进一步探究小微企业主经历对数字金融与企业创新之间的调节作用机制。结果表明，地区数字金融的发展显著促进了小微企业的创新，在考虑了内生性问题和一系列稳健性检验之后，结论仍然成立。通过企业所有者经历这一调节机制发现，小微企业所有者经历能够显著促进地区数字金融发展对企业创新的正向调节作用。此外，通过异质性分析发现，相对于东部发达地区，数字金融对中西部等欠发达地区的作用效果更为显著，这也进一步说明了数字普惠金融的普惠性和可触达性。

此外，本书还尝试从政企关系和社会责任履行这一角度进一步探讨小微企业创新的背后影响机制。可以看到，在小微企业群体中，政企关系确实较为普遍，建立良好的政企关系能够在市场机制尚不健全的条件下寻找替代机制，有利于企业创新发展。通过借助CMES小微企业调查数据库的实证分析发现，政企关系和社会责任均能显著提高小微企业的技术创新能力，在主动参与创新以及创新成果形成方面都有显著的正向作用,社会责任的履行能够强化政企关系对小微企业创新的正向作用。通过稳健性检验发现,政企关系和社会责任的履行对企业创新的促进作用依然显著,而东部西部地区较中部地区企业创新效果显著,这说明确实存在地域影响效应的异质性。

6.2 政策建议

本书主要围绕新发展格局下创新驱动企业发展展开研究。研究结果表明,数字经济、数字金融、绿色金融均可以显著促进企业创新,助力企业创新发展。结合本书的研究结论,得出如下几点政策建议:

(1) 数字经济赋能企业创新的机制设计顺应"十四五"时期高质量发展的政策指向。近年来,关注数字经济发展与企业发展的研究越来越多,然而基于企业管理者能力的调节方面的关注相对较少,实证研究更是少见。本书将宏观和微观层面数据进行匹配,提出基于企业管理者能力的调节机制,研究数字经济赋能企业创新的应对之策。结合本书研究结论,主要得出以下政策性启示:首先,要大力发展数字经济,积极提高数字经济的发展水平,资金供给端能够通过数字化技术的信贷筛选机制疏通企业的信贷融资渠道,缓解融资约束,加快企业创新转型。其次,企业应当正视管理者能力的存在可能对企业创新带来的负面影响,优化调整管理团队组成,正向引导企业管理者发挥其优势。再次,在数字经济发展背景下,为企业提供相关金融服务时,需要针对性地选择目标群体,对小微企业、欠发达地区的企业要给予充分的支持和帮助,实现精准对接和服务,与此同时也要做好相应好的信息搜寻和整理,保证信息的准确性和真实性,避免出现金融风险。此外,企业应当正视高管团队异质性存在可能对企业创新带来的异质性影响,优化调整高管团队的性别组成,更好地发挥女性管理方面的优势。最后,企业在创新发展过程中,要高度重视高管团队差别化的教育背景,更有利于形成集思广益、百家争鸣的局面,以适应复杂多变的外部环境,对企业创新有显著的促进作用。企业作为市场经济的重要组成部分,在面对融资约束和信贷困难时,要主动披露相关信息和寻求服务,用前瞻性的眼光看待技术创新,搭乘高质量发展的列车努力实现技术创新,尽快实现转型升级,才能实现更长远的发展。

(2) 数字金融赋能企业高质量创新的机制设计顺应"十四五"时期高质量发展的政策指向。近年来，关注数字金融与企业发展的研究越来越多，然而基于高管团队的调节方面的关注相对较少，实证研究更是少见。本书将宏观和微观层面进行匹配，提出基于高管团队异质性的调节机制，研究数字金融赋能企业创新的应对之策，具有以下政策启示：第一，积极提高数字金融的发展水平，适度扩大数字金融的覆盖广度，努力解决金融服务"最后一公里问题"。第二，企业应当正视高管团队异质性存在可能对企业创新带来的异质性影响，加强低教育水平的高管培训和辅导，优化调整高管团队的性别组成，更好地发挥女性管理方面的优势。第三，企业在创新发展过程中，要高度重视高管团队的年龄与职业背景，形成差别化的老中青结构以及丰富的职业背景，更有利于形成集思广益、百家争鸣的局面，以适应复杂多变的外部环境，对企业创新有显著促进作用。

(3) 要大力发展绿色金融，以信息披露和环境约束条件下的绿色金融能够显著促进企业技术创新，通过金融机构的信贷筛选机制疏通企业的信贷融资渠道，缓解融资约束，加快企业创新转型；其次，绿色金融机构在为企业提供相关金融服务时，需要针对性地选择目标群体，对小微地区、欠发达地区的企业要给予充分的支持和帮助，实现精准对接和服务，与此同时也要做好相应好的信息搜寻和整理，保证信息的准确性和真实性，避免出现金融风险。此外，企业作为市场经济的重要组成部分，在面对融资约束和信贷困难时，要主动披露相关信息和寻求服务，用前瞻性的眼光看待技术创新，搭乘新发展格局下高质量发展的列车努力实现技术创新，尽快实现转型升级，才能实现更长远的发展。

(4) 本研究还从新发展格局下数字金融和政企关系的角度拓展了小微企业创新的研究，并与企业所有经历以及企业社会责任这一内部治理相结合，为解决中国小微企业创新不足这一难题提供了理论借鉴和实践指导。针对小微企业创新的研究，主要得出以下几个政策启示：第一，积极稳妥地推进数字金融发展，扩大数字金融的覆盖程度、使用深度和数字化程度，促进金融资源配置的均质性和普惠性。此外，要强化对数字金融技术的监管，引导和规范其资金流向，使数字金融真正发挥缓解企业融资约束、推动企业研发创新的作用，防止通过数字金融聚集的大量资金脱实向虚。第二，小微企业应充分意识到所有者经历可能对创新带来的影响，通过加大对员工的培训和拓展经历，促进企业创新。第三，小微企业在内部决策过程中，要高度重视最主要所有者对资金使用的意见，尤其是在进行研发创新决策时，切实做到"专业人做专业事"，在小微企业内部形成鼓励研发创新的良好环境。第四，小微企业通过建立良好的政企关系，将履行社会责任作为企业内生发展的重要战略，可以实现市场和企业的共赢。在现阶段我国的市场经济尚有需要完善的地方，为此也可以作为实现小微企业发展的现实路径。

参 考 文 献

[1] 白旻，王仁祥. 企业社会责任如何影响企业持续创新 [J]. 中国科技论坛，2020 (1)：107-115.

[2] 曾萍，邓腾智，宋铁波. 社会资本、动态能力与企业创新关系的实证研究 [J]. 科研管理，2013 (4)：50-59.

[3] 曾萍，吕迪伟，刘洋. 技术创新、政治关联与政府创新支持：机制与路径 [J]. 科研管理，2016 (7)：17-26.

[4] 常曦，郑佳纯，李凤娇. 地方产业政策、企业生命周期与技术创新——异质性特征、机制检验与政府激励结构差异 [J]. 产经评论，2020，11 (6)：21-38.

[5] 陈岩，张李叶子，李飞，等. 智能服务对数字化时代企业创新的影响 [J]. 科研管理，2020，41 (9)：51-64.

[6] 党琳，李雪松，申烁. 数字经济、创新环境与合作创新绩效 [J]. 山西财经大学学报，2021，43 (11)：1-15.

[7] 邓翔. 绿色金融研究述评 [J]. 中南财经政法大学学报，2012 (6)：67-71.

[8] 丁重，邓可斌. 政治关系与创新效率：基于公司特质信息的研究 [J]. 财经研究，2010 (10)：85-100.

[9] 杜金岷，韦施威，吴文洋. 数字普惠金融促进了产业结构优化吗？[J]. 经济社会体制比较，2020 (6)：38-49.

[10] 冯根福，温军. 中国上市公司治理与企业技术创新关系的实证分析 [J]. 中国工业经济，2008 (7)：91-101.

[11] 傅利福，厉佳妮，方霞，等. 数字普惠金融促进包容性增长的机理及有效性检验 [J]. 统计研究，2021，38 (10)：62-75.

[12] 顾夏铭，陈勇民，潘士远. 经济政策不确定性与创新——基于我

国上市公司的实证分析[J]. 经济研究, 2018, 53 (2): 109-123.

[13] 郭峰, 王靖一, 程志云, 等. 测量中国数字普惠金融发展: 指数编制与空间特征[J]. 经济学 (季刊), 2020, 19 (4): 1401-1418.

[14] 郭进, 白俊红. 高速铁路建设如何带动企业的创新发展——基于 Face-to-Face 理论的实证检验[J]. 经济理论与经济管理, 2019 (5): 60-74.

[15] 郭进. 环境规制对绿色技术创新的影响: "波特效应"的中国证据[J]. 财贸经济, 2019, 3 (40): 147-160.

[16] 韩中雪, 崔建伟, 王闪. 技术高管提升了企业技术效率吗?[J]. 科学学研究, 2014 (4): 560-568.

[17] 何凌云, 陶东杰. 营商环境会影响企业研发投入吗?——基于世界银行调查数据的实证分析[J]. 江西财经大学学报, 2018 (3): 50-57.

[18] 何贤杰, 肖土盛, 陈信元. 企业社会责任信息披露与公司融资约束[J]. 财经研究, 2012 (8): 60-71.

[19] 何瑛, 于文蕾, 戴逸驰, 等. 高管职业经历与企业创新[J]. 管理世界, 2019 (11): 174-192.

[20] 侯世英, 宋良荣. 数字经济、市场整合与企业创新绩效[J]. 当代财经, 2021 (6): 78-88.

[21] 胡斌, 刘作仪. 物联网环境下企业组织管理特征、问题与方法[J]. 中国管理科学, 2018 (8): 127-137.

[22] 黄德春, 刘志彪. 环境规制与企业自主创新——基于波特假设的企业竞争优势构建[J]. 中国工业经济, 2006 (3): 100-106.

[23] 黄越, 杨乃定, 张宸璐. 高层管理团队异质性对企业绩效的影响研究——以股权集中度为调节变量[J]. 管理评论, 2011, 23 (11): 120-125.

[24] 黄建欢, 吕海龙, 王良健. 金融发展影响区域绿色发展的机理——基于生态效率和空间计量的研究[J]. 地理研究, 2018, 33 (3): 532-545.

[25] 黄倩, 朱鸿志, 苏慧媛. 数字普惠金融对农户创业选择影响研究[J]. 福建论坛 (人文社会科学版), 2021 (8): 85-102.

[26] 黄益平, 黄卓. 中国的数字金融发展: 现在与未来[J]. 经济学 (季刊), 2018, 17 (4): 1489-1502.

［27］黄益平，陶坤玉．中国的数字金融革命：发展、影响与监管启示［J］．国际经济评论，2019（6）：5，24-35．

［28］黄宇虹，黄霖．金融知识与小微企业创新意识、创新活力——基于中国小微企业调查（CMES）的实证研究［J］．金融研究，2019（4）：149-167．

［29］黄宇虹，捷梦吟．关系、社会资本与小微企业创新［J］．科研管理，2018（11）：27-39．

［30］黄越，杨乃定，张宸璐．高层管理团队异质性对企业绩效的影响研究——以股权集中度为调节变量［J］．管理评论，2011，23（11）：120-126．

［31］贾俊生，伦晓波，林树．金融发展、微观企业创新产出与经济增长——基于上市公司专利视角的实证分析［J］．金融研究，2017（11）：99-113．

［32］贾俊生，刘玉婷．数字金融、高管背景与企业创新——来自中小板和创业板上市公司的经验证据［J］．财贸研究，2021（2）：65-77．

［33］姜松，周鑫悦．数字普惠金融对经济高质量发展的影响研究［J］．金融论坛，2021，26（8）：39-49．

［34］解维敏，方红星．金融发展、融资约束与企业研发投入［J］．金融研究，2011（5）：171-183．

［35］荆文君，孙宝文．数字经济促进经济高质量发展：一个理论分析框架［J］．经济学家，2019（2）：66-73．

［36］雷汉云，谭卓敏．金融科技与小微企业创新［J］．兰州财经大学学报，2020（12）：13-26．

［37］黎文靖，郑曼妮．实质性创新还是策略性创新？——宏观产业政策对微观企业创新的影响［J］．经济研究，2016（4）：60-73．

［38］李春发，卢娜娜，李冬冬，王学敏．企业绿色创新：政府规制、信息披露及投资策略演化［J］．科学学研究，2021，39（1）：180-192．

［39］李春涛，宋敏．中国制造业企业的创新活动：所有制和CEO激励的作用［J］．经济研究，2010（5）：55-67．

［40］李春涛，闫续文，宋敏，杨威．金融科技与企业创新——新三板上市公司的证据［J］．中国工业经济，2020（1）：81-98．

[41] 李德山, 夏芮沛, 杨晋一. 政企关系、融资约束与中小企业研发创新——基于世界银行中国企业营商环境调查数据 [J]. 理论探讨, 2021 (3): 15-23.

[42] 李兰云、王宗浩、阚立娜. 内部控制与企业社会责任履行——基于代理成本的中介效应检验. 南京审计大学学报, 2019 (1): 28-36.

[43] 李青原, 肖泽华. 异质性环境规制工具与企业绿色创新激励——来自上市企业绿色专利的证据 [J]. 经济研究, 2020 (9): 192-208.

[44] 李唐, 李青, 陈楚霞. 数据管理能力对企业生产率的影响效应: 来自中国企业——劳动力匹配调查的新发现 [J]. 中国工业经济, 2020 (6): 174-192.

[45] 李伟阳, 肖红军. 企业社会责任的逻辑 [J]. 中国工业经济, 2011 (10): 87-97.

[46] 李晓西, 夏光. 中国绿色金融报告2014 [M]. 北京: 中国金融出版社, 2014.

[47] 李秀萍, 付兵涛, 郭进. 数字金融、高管团队异质性与企业创新 [J], 统计与决策, 2022 (7): 161-165.

[48] 李秀萍. 数字金融是否促进了小微企业创新?——兼论企业主经历的调节效应 [J], 海南金融, 2021 (11): 18-25.

[49] 李远慧, 陈蓉蓉, 李润宇. 金融股权关联、货币政策与企业创新 [J]. 财经论丛, 2022 (5): 66-78.

[50] 李云鹤, 吴文锋, 胡悦. 双层股权与企业创新: 科技董事的协同治理功能 [J]. 中国工业经济, 2022 (5): 159-176.

[51] 李中. 绿色金融创新与我国产业转型问题研究 [J]. 当代经济, 2011 (7): 6-8.

[52] 梁榜, 张建华. 数字普惠金融发展能激励创新吗?——来自中国城市和中小企业的证据 [J]. 当代经济科学, 2019 (5): 74-86.

[53] 梁建, 陈爽英, 盖庆恩. 民营企业的政治参与、治理结构与慈善捐赠. 管理世界, 2010 (7): 109-118.

[54] 林毅夫, 孙希芳. 信息、非正规金融与中小企业融资 [J]. 经济研究, 2005 (7): 35-44.

[55] 刘柏, 刘畅. 企业社会责任、地区社会信任与融资约束 [J]. 软

科学，2019（5）：55-58.

[56] 刘春济，朱梦兰. 谁影响了谁：产权性质、企业社会责任溢出与表现 [J]. 经济管理，2018（12）：105-122.

[57] 刘岚，王倩. 企业社会责任、政治关联与非效率投资——基于企业社会责任的治理效应 [J]. 中国管理科学，2016，24（S1）.

[58] 刘学元，丁雯婧，赵先德. 企业创新网络中关系强度、吸收能力与创新绩效的关系研究 [J]. 南开管理评论，2016（1）：30-42.

[59] 刘耀娜. 非控股大股东退出威胁对企业创新的影响研究 [D]. 吉林大学博士学位论文，2021.

[60] 刘云，石金涛. 组织创新气氛与激励偏好对员工创新行为的交互效应研究 [J]. 管理世界，2009（10）：88-101，114，188.

[61] 刘运国，刘雯. 我国上市公司的高管任期与 R&D 支出 [J]. 管理世界，2007（1）：128-136.

[62] 柳翠，任哲. 互联网金融促进欠发达地区普惠金融发展交流会综述 [J]. 金融与经济，2015（11）：4-7.

[63] 鲁小凡，窦钱斌，宋伟，葛章志. 海归高管与企业创新效率：助力还是阻力？[J]. 科技管理研究，2021（1）：143-150.

[64] 罗党论，唐清泉. 政治关系、社会资本与政策资源获取：来自中国民营上市公司的经验证据 [J]. 世界经济，2009（7）：84-96.

[65] 绿色金融工作小组. 构建中国绿色金融体系 [M]. 北京：中国金融出版社，2015.

[66] 马骏，李治国，等. PM2.5减排的经济政策 [M]. 北京：中国经济出版社，2014.

[67] 马骏. 中国绿色金融的发展与前景 [J]. 经济社会体制比较，2016（6）：25-32.

[68] 马骏. 中国绿色金融发展与案例研究 [M]. 北京：中国金融出版社，2016：74-107.

[69] 毛昊，尹志锋，张锦. 中国创新能够摆脱"实用新型专利制度使用陷阱"吗 [J]. 中国工业经济，2018（3）：98-115.

[70] 毛蕴诗，王婧. 企业社会责任融合、利害相关者管理与绿色产品创新：基于老板电器的案例研究 [J]. 管理评论，2019（7）：149-161.

［71］孟庆斌，师倩．宏观经济政策不确定性对企业研发的影响：理论与经验研究［J］．世界经济，2017，40（9）：75-98．

［72］孟庆松，韩文秀．复合系统协调度模型研究［J］．天津大学学报，2000（7）：444-446．

［73］聂辉华，方明月，李涛．增值税转型对企业行为和绩效的影响——以东北地区为例［J］．管理世界，2009（5）：17-24，35．

［74］欧阳慧，曾德明，张运生．国际化竞争环境中TMT的异质性对公司绩效的影响［J］．数量经济技术经济研究，2003，20（12）：127-131．

［75］彭星红，毛新述．政府创新补贴、公司高管背景与研发投入：来自我国高科技行业的经验证据［J］．财贸经济，2017（3）：147-161．

［76］齐绍洲，林屾，崔静波．环境权益交易市场能否诱发绿色创新？——基于我国上市公司绿色专利数据的证据［J］．经济研究，2018，53（12）：129-143．

［77］祁怀锦，曹修琴，刘艳霞．数字经济对公司治理的影响：基于信息不对称和管理者非理性行为视角［J］．改革，2020（4）：50-64．

［78］任兵，魏立群，周思贤．高层管理团队多样性与组织创新：外部社会网络与内部决策模式的作用［J］．管理学报，2011，8（11）：1630-1637．

［79］邵传林，段博．绿色金融与创新驱动发展的耦合机制研究［J］．西安财经学院，2019，32（5）：5-12．

［80］申宇，赵玲，吴风云．创新的母校印记：基于校友圈与专利申请的证据［J］．中国工业经济，2017（8）：156-173．

［81］申云，李京蓉．数字普惠金融与农户相对贫困脆弱性［J］．华南农业大学学报（社会科学版），2022，21（1）：105-117．

［82］生蕾，路子强，李校红．互联网金融研究综述与发展建议［J］．征信，2018，36（12）：84-88．

［83］苏冬蔚，连莉莉．绿色信贷是否影响重污染企业的投融资行为［J］．金融研究，2018（12）：123-137．

［84］孙海法，姚振华，严茂胜．高管团队人口统计特征对防止和信息技术公司经营绩效的影响［J］．南开管理评论，2006，9（6）：61-67．

［85］孙继国，胡金炎，杨璐．发展普惠金融能促进中小企业创新

吗？——基于双重差分模型的实证检验［J］．财经问题研究，2020（10）：47-54．

［86］孙玥璠，陈爽，张永冀．高管团队异质性、群体断裂带与企业风险承担［J］．管理评论，2019，8（31）：157-168．

［87］唐·泰普史考特．数据时代的经济学：对网络智能时代机遇和风险的再思考［M］．毕崇毅，译．北京：机械工业出版社，2016．

［88］唐松，伍旭川，祝佳．数字金融与企业技术创新——结构特征、机制识别与金融监管下的效应差异［J］．管理世界，2020（5）：52-67．

［89］唐亚晖，刘吉舫．普惠金融的理论与实践：国内外研究综述［J］．社会科学战线，2019（7）：260-265．

［90］天大研究院课题组．中国绿色金融体系：构建与发展战略［J］．财贸经济，2011（10）：38-46．

［91］童锦治，刘诗源，林志帆．财政补贴、生命周期和企业研发创新［J］．财政研究，2018（4）：33-47．

［92］涂永前．碳金融的法律再造［J］．中国社会科学，2012（3）：95-113．

［93］万佳彧，周勤，肖义．数字金融、融资约束与企业创新［J］．经济评论，2020（1）：71-83．

［94］万建香，汪寿阳．社会资本与技术创新能否打破"资源诅咒"？——基于面板门槛效应的研究［J］．经济研究，2016．

［95］汪伟，潘孝挺．金融要素扭曲与企业创新活动［J］．统计研究，2015，32（5）：26-31．

［96］汪洋，何红渠，常春华．金融科技、银行竞争与企业成长［J］．财经理论与实践，2020，41（5）：20-27．

［97］王德应，刘渐和．TMT特征与企业技术创新关系研究［J］．科研管理，2011，29（6）：65-73．

［98］王锋正，姜涛，郭晓川．政府质量、环境规制与企业绿色技术创新［J］．科研管理，2018（1）：26-33．

［99］王康仕，孙旭然，王凤荣．绿色金融发展、债务期限结构与绿色企业投资［J］．金融论坛，2019（7）：9-19．

［100］王鹏程，李建标．谁回报了民营企业的捐赠？——从融资约束看

民营企业"穷济天下"的行为[J]. 经济管理, 2015 (2): 41-52.

[101] 王善高, 陈燕齐, 田旭. 中国数字普惠金融的发展现状及收敛性研究——基于logt检验方法的考察[J]. 兰州学刊, 2022 (1): 53-66.

[102] 王淑娟, 叶蜀君, 解方圆. 金融发展、金融创新与高新技术企业自主创新能力——基于中国省际面板数据的实证分析[J]. 软科学, 2018, 32 (3): 10-15.

[103] 王霄, 张捷. 银行信贷配给与中小企业贷款——一个内生化抵押品和企业规模的理论模型[J]. 经济研究, 2003 (7): 68-75.

[104] 王小鲁, 樊纲, 余静文. 中国分省份市场化指数报告 (2016) [M]. 北京: 社会科学文献出版社, 2017.

[105] 王永进, 冯笑. 行政审批制度改革与企业创新[J]. 中国工业经济, 2018 (2): 24-42.

[106] 王玉柱. 数字经济重塑全球经济格局——政策竞赛和规模经济驱动下的分化与整合[J]. 国际展望, 2018 (4): 60-79.

[107] 王贞洁. 信贷歧视、债务融资成本与技术创新投资规模[J]. 科研管理, 2016, 37 (10): 9-17.

[108] 魏立群, 王智慧. 我国上市公司高管特征与企业绩效的实证研究[J]. 南开管理评论, 2002, 5 (4): 16-22.

[109] 魏志华, 曾爱民, 李博. 金融生态环境与企业融资约束——基于中国上市公司的实证研究[J]. 会计研究, 2014 (5): 73-80.

[110] 温忠麟, 侯杰泰, 张雷. 调节效应与中介效应的比较和应用[J]. 心理学报, 2005 (2): 268-274.

[111] 温忠麟, 叶宝娟. 中介效应分析: 方法和模型发展[J]. 心理科学进展, 2014, 22 (5): 731-745.

[112] 文芳, 胡玉明. 中国上市公司高管个人特征与R&D投资[J]. 管理评论, 2009, 21 (11): 84-91, 128.

[113] 吴晟, 武良鹏, 吕辉. 绿色信贷对企业生态创新的影响机理研究. 软科学, 2019 (4): 53-56.

[114] 吴金旺, 顾洲一. 数字普惠金融文献综述[J]. 财会月刊, 2018 (19): 123-129.

[115] 谢凤华, 姚先国, 古家军. 高层管理团队异质性与企业技术创新

绩效关系的实证研究 [J]. 科研管理, 2008 (6): 65-72.

[116] 谢平, 邹传伟. 互联网金融模式研究 [J]. 金融研究, 2012 (12): 11-22.

[117] 谢乔昕. 环境规制、绿色金融发展与企业技术创新 [J], 科研管理, 2021, 42 (6): 65-72.

[118] 谢绚丽, 沈艳, 张皓星, 郭峰. 数字金融能促进创业吗?——来自中国的证据 [J]. 经济学 (季刊), 2018 (7): 1557-1580.

[119] 徐佳, 崔静波. 低碳城市和企业绿色技术创新 [J]. 中国工业经济, 2020 (12): 178-196.

[120] 许宪春, 张美慧. 中国数字经济规模测算研究——基于国际比较的视角 [J]. 中国工业经济, 2020 (5): 23-41.

[121] 薛成, 孟庆玺, 何贤杰. 网络基础设施建设与企业技术知识扩散——来自"宽带中国"战略的准自然实验 [J]. 财经研究, 2020, 46 (4): 48-62.

[122] 闫昊生, 孙久文, 蒋治. 创新型城市、所有制差异与企业创新: 基于目标考核视角 [J]. 世界经济, 2021 (11): 75-101.

[123] 杨博, 王林辉. 财税激励政策对企业创新质量提升的影响 [J]. 统计与决策, 2021 (17): 159-163.

[124] 杨震宁, 李东红, 马振中. 关系资本、锁定效应与中国制造业企业创新 [J]. 科研管理, 2013 (11): 43-52.

[125] 尹志超, 宋全云, 吴雨, 彭嫦燕. 金融知识、创业决策和创业动机 [J]. 管理世界, 2015 (1): 87-98.

[126] 于蔚, 汪淼军, 金祥荣. 政治关联和融资约束: 信息效应与资源效应 [J]. 经济研究, 2012 (9): 125-139.

[127] 虞义华, 赵奇锋, 鞠晓生. 发明家高管与企业创新 [J]. 中国工业经济, 2018 (3): 136-154.

[128] 余明桂, 范蕊, 钟慧洁. 中国产业政策与企业技术创新 [J]. 中国工业经济, 2016 (12): 5-22.

[129] 余明桂, 回雅甫, 潘红波. 政治联系、寻租与地方政府财政补贴有效性 [J]. 经济研究, 2010 (3): 65-77.

[130] 余明桂, 钟慧洁, 范蕊. 分析师关注与企业创新——来自中国资

本市场的经验证据 [J]. 经济管理, 2017, 39 (3): 175-192.

[131] 虞义华, 赵奇锋, 鞠晓生. 发明家高管与企业创新 [J]. 中国工业经济, 2018 (3): 136-154.

[132] 袁建国, 后青松, 程晨. 企业政治资源的诅咒效应——基于政治关联与企业技术创新的考察 [J]. 管理世界, 2015 (1): 139-155.

[133] 张杰, 杨连星, 新夫. 房地产阻碍了中国创新么?——基于金融体系贷款期限结构的解释 [J]. 管理世界, 2016 (5): 64-80.

[134] 张杰, 郑文平. 创新追赶战略抑制了中国专利质量么? [J]. 经济研究, 2018 (5): 28-41.

[135] 张捷, 王霄. 中小企业金融成长周期与融资结构变化 [J]. 世界经济, 2008 (9): 63-70.

[136] 张军, 许庆瑞. 管理者认知特征与企业创新能力关系研究 [J]. 科研管理, 2018, 39 (4): 1-9.

[137] 张军扩, 侯永志, 刘培林, 等. 高质量发展的目标要求和战略路径 [J]. 管理世界, 2019 (7): 1-7.

[138] 张莉莉, 肖黎明, 高军峰. 中国绿色金融发展水平与效率的测度及比较——基于1040家公众公司的微观数据 [J]. 中国科技论坛, 2018 (9).

[139] 张龙鹏, 蒋为, 周立群. 行政审批对创业的影响研究——基于企业家才能的视角 [J]. 中国工业经济, 2016 (4): 57-74.

[140] 张路, 李金彩, 袁振超, 岳衡. 管理者能力与资本市场稳定 [J]. 金融研究, 2021 (9): 188-206.

[141] 张鹏, 邓然, 张立琨. 企业家社会资本与创业绩效关系研究 [J]. 科研管理, 2015 (8): 120-128.

[142] 张平, 蓝海林. 我国上市公司高层管理团队异质性与企业绩效的关系研究 [M]. 北京: 经济科学出版社, 2005.

[143] 张庆君, 黄玲. 数字普惠金融、产业结构与经济高质量发展 [J]. 江汉论坛, 2021 (10): 41-51.

[144] 张晓亮, 杨海龙, 唐小飞. CEO学术经历与企业创新 [J]. 科研管理, 2019, 40 (2): 154-163.

[145] 张勋, 万广华, 张佳佳, 等. 数字经济、普惠金融与包容性增长

[J]. 经济研究, 2019 (8): 71-86.

[146] 张中祥. 碳达峰、碳中和目标下的中国与世界——绿色低碳转型、绿色金融、碳市场与碳边境调节机制 [J/OL]. 人民论坛·学术前沿. 2021.14.008.

[147] 赵西三. 数字经济驱动中国制造转型升级研究 [J]. 中州学刊, 2017 (12): 36-41.

[148] 赵晓鸽, 钟世虎, 郭晓欣. 数字普惠金融发展、金融错配缓解与企业创新 [J]. 科研管理, 2021 (4): 158-169.

[149] 赵子夜, 杨庆, 陈坚波. 通才还是专才: CEO 的能力结构和公司创新 [J]. 管理世界, 2018 (2): 123-143.

[150] 郑小碧. "+互联网"、"互联网+" 与经济发展: 超边际一般均衡分析 [J]. 经济学动态, 2017 (6): 32-44.

[151] 钟腾, 汪昌云. 金融发展与企业创新产出——基于不同融资模式对比视角 [J]. 金融研究, 2017 (12): 127-142.

[152] 周开国, 卢允之, 杨海生. 融资约束、创新能力与企业协同创新 [J]. 经济研究, 2017, 52 (7): 94-108.

[153] 周黎安, 罗凯. 企业规模与创新: 来自中国省级水平的经验证据 [J]. 经济学季刊, 2005, 4 (3): 623-638.

[154] 周业安, 程栩, 郭杰. 高管背景特征与资本结构动态调整——国际比较与中国经验 [J]. 经济理论与经济管理, 2012 (11): 11-22.

[155] 朱益宏, 周翔, 张全成. 私营企业家政治关联: 催化了投机行为还是技术创新? [J]. 科研管理, 2016 (4): 77-84.

[156] 庄毓敏, 储青青, 马勇. 金融发展、企业创新与经济增长 [J]. 金融研究, 2020 (4): 11-30.

[157] 邹静, 张宇. 数字金融的研究现状、热点与前沿——基于 CiteSpace 的可视化分析 [J]. 产业经济评论, 2021 (05): 133-146.

[158] 邹伟, 凌江怀. 普惠金融与中小企业融资约束 [J]. 财经论丛, 2018 (6): 34-45.

[159] Achary A. V., Xu Z. Financial dependence and innovation: The case of public versus private firms [J]. Journal of Financial Economics, 2017, 124 (2): 223-243.

[160] Aghion P., Van Reenen J., Zingales L. Innovation and Institutional Ownership. American Economic Review, 2013, 103 (1): 277-304.

[161] Akcigit U., Caicedo S., Miguelez E., et al.. Dancing with the Stars: Innovation through Interactions [R]. CEPR Discussion Papers, 2018.

[162] Albert Tsang, Kun Tracy Wang, Simeng Liu, Li Yu. Integrating corporate social responsibility criteria into executive compensation and firm innovation: International evidence [J]. Journal of Corporate Finance, 2021, 70: 102070.

[163] Allet, M., Hudon, M. Green Microfinance: Characteristics of Microfinance Institutions Involved in Environmental Management [J]. Journal of Business Ethics, 2015, 126 (3): 395-414.

[164] Artie W. Ng, Jatin Nathwanic, Jingyan Fu and Hui Zhou. Green financing for global energy sustainability: prospecting transformational adaptation beyond Industry 4.0 [J]. Sustainability: Science, Practice and Policy, 2021, 17 (1): 377-390.

[165] Avik Sinha, Shekhar Mishra, Arshian Sharif, Larisa Yarovaya. Does green financing help to improve environmental & social responsibility? Designing SDG framework through advanced quantile modelling [J]. Journal of Environmental Management, 2021, 292: 112751.

[166] Baohua Liu, Pei-Yu Sun, Yongliang Zeng. Employee-related corporate social responsibilities and corporate innovation: Evidence from China [J]. International Review of Economics and Finance, 2020, 70: 357-372.

[167] Barker, V. L., Mueller, G. C.. CEO characteristics and firm R&D spending [J]. Management Science, 2002, 48 (6): 782-801.

[168] Benfratello L, Schiantarelli F, Sembenelli A. Banks and innovation: Micro econometric evidence on Italian firms [J]. Journal of Financial Economics, 2008, 90 (2): 197-217.

[169] Buchak, G., G. Matvos. T. Piskorski et al.. DIFI, Regulatory Arbitrage, and the Rise of Shadow Banks [J]. Journal of Financial Economics, 2018, 130 (3): 453-483.

[170] Carpenter, M. A., Geletkancz, M. A., Sanders, W. G. Upper

echelons research revisited: Antecedents, elements, and consequences of top management team composition. Journal of Management, 2004, 30 (6): 749 – 778.

[171] Chao Xing, Yuming Zhang, David Tripe. Green credit policy and corporate access to bank loans in China: The role of environmental disclosure and green innovation [J]. International Review of Financial Analysis, 2021, 77: 101838.

[172] Chen, H., Liu, C., Xie, F., Zhang T., Guan F.. reen credit and company R&D level: Empirical research based on threshold effects. Sustainability, 2019, 11 (7): 1 – 14.

[173] Cheng B, Ioannou I, Serafeim G. Corporate Social Responsibility and Access to Finance [J]. Strategic Management Journal, 2014, 35 (1): 1 – 23.

[174] Chengchao Lv, Baocheng Bian, Chien – Chiang Lee, Zhiwen He. Regional gap and the trend of green finance development in China [J]. Energy Economics, 2021, 102: 105476.

[175] Chin – Hsien Yu, Xiuqin Wu, Dayong Zhang, Shi Chen, Jinsong Zhao. Demand for green finance: Resolving financing constraints on green innovation in China [J]. Energy Policy, 2021, 153: 112255.

[176] Christopher F. Does quality matter for innovations in low income markets? The case of the Kenyan mobile phone sector [J]. Technology in Society, 2014, 38 (3): 119 – 129.

[177] Clarkson M. E.. Stakeholder framework for analyzing and evaluating corporate social performance [J]. Academy of Management Review, 1995, 20 (1): 92 – 117.

[178] Coles, J. L., N. D. Daniel, L. Naveen. Managerial Incentives and Risk – taking [J]. Journal of Financial Economics, 2006, 79 (2): 431 – 468.

[179] Cumming, D., O. Rui, Y. Wu. Political Instability, Access to Private Debt and Innovation Investment in China. Emerging Markets Review 29: 2016, 68 – 81.

[180] Custodio C., Ferreira, M. A., Matos, P.. Do General Managerial Skills Spur Innovation, Management Science, 2017: 459 – 476.

[181] Dahlsrud A.. How corporate social responsibility is defined: an analysis of 37 definitions [J]. Coporate Social Responsibility and Environmental Management, 2008, 15 (1): 1-13.

[182] David C. Broadstock, Roman Matousek, Martin Meyer, Nickolaos G. Tzeremes. Does corporate social responsibility impact firms' innovation capacity? The indirect link between environmental & social governance implementation and innovation performance [J]. Journal of Business Research, 2020, 119: 99-110.

[183] Demerjian D. R., B. Lev, S. Mc Vay. Quantifying Managerial Ability: A New Measure and validity test [J]. Management Science, 2012, 58 (7): 1229-1248.

[184] Donald C. Hambrick, Phyllis A. Mason. Upper Echelons: The Organization as a Reflection of Its Top Managers [J]. Academy of Management Review. 1984, 9 (2): 193-207.

[185] Donato Morea, Simona Fortunati, Laura Martiniello. Circular economy and corporate social responsibility: Towards an integrated strategic approach in the multinational cosmetics industry [J]. Journal of Cleaner Production, 2021, 315: 128232.

[186] Eaton S, Kostka G. Authoritarian environmentalism undermined? Local leaders' time horizons and environmental policy implementations in China [J]. China Quarterly, 2014, 218 (2): 359-380.

[187] Farhad Taghizadeh-Hesary, Naoyuki Yoshino. The way to induce private participation in green finance and investment [J]. Finance Research Letters, 2019, 31: 98-103.

[188] Fayuan Wang, Rong Wang, Zhili He. The impact of environmental pollution and green finance on the high-quality development of energy based on spatial Dubin model [J]. Resources Policy, 2021, 74: 102451.

[189] Francisco Javier Forcadell, Fernando Úbeda, Elisa Aracil. Effects of environmental corporate social responsibility on innovativeness of spanish industrial SMEs [J]. Technological Forecasting & Social Change, 2021162: 120355.

[190] Ghosh J.. Microfinance and the challenge of financial inclusion for

development [J]. Cambridge Journal of Economics, 2013, 37 (6): 1203 – 1219.

[191] Gilbert, S., Zhao, L.. The knowns and unknowns of China's green finance. the sustainable infrastructure imperative: financing for better growth and development. New Climate Economy, London and Washington, DC. 2017.

[192] Gomber P., Kauffman. R. J., Parker C.. On the Fintech Revolution: Interpreting the Forces of Innovation, Disruption and Transformation in Financial Services [J]. Journal of Management Information Systems, 2018, 35 (1): 220 – 265.

[193] Habib A, Hasan M M. Managerial ability, investment efficiency and stock price crash risk [J]. Research in international business & Finance, 2017 (42): 262 – 274.

[194] Hadlock, C. J., J. R. Pierce. New Evidence on Measuring Financial Constraints: Moving Beyond the KZ Index. Review of Financial Studies, 2010, 23 (5): 1909 – 1940.

[195] Hall B. H., Lerner J. The Financing of R&D and Innovation [J]. Handbook of the Economics of Innovation, 2010 (1): 609 – 639.

[196] Hambrick D. C., Cho T. S., Chen M. J.. The influence of top management team heterogeneity on firms' competitive moves. Administrative Science Quarterly, 1996, 41 (4): 659 – 684.

[197] Hambrick, D., Mason, P.. Upper Echelons: The Organization as a Reflection of Its Top Managers. The Academy of Management Review, 1984 (9): 193 – 206.

[198] Haner U. E.. Innovation quality: a conceptual framework [J]. International Journal of production economics, 2002, 80 (1): 31 – 37.

[199] Harris C. R., Jenkins M., Glaser D.. Gender Differences in Risk Assessment: Why Do Women Take Fewer Risks than Men [J]. Judgment and Decision Making, 2006, 1 (1): 48 – 63.

[200] Hengjie Xu, Qiang Mei, Fakhar Shahzad, Suxia Liu, Xingle Long, Jingjing Zhang. Untangling the Impact of Green Finance on the Enterprise Green Performance: A Meta – Analytic Approach [J]. Sustainability, 2020, 12: 9085.

[201] Hirshleifer D, Low A., Teoh S. H.. Are Overconfident CEOs Better

Innovators? [J]. The Journal of Finance, 2012, 67 (4): 1457 – 1498.

[202] Hongji Zhou, Guoyin Xu. Research on the impact of green finance on China's regional ecological development based on system GMM model [J]. Resources Policy, 2022, 75: 102454.

[203] Hsu P., Tian X., Xu Y.. Financial Development and Innovation: Cross – Country Evidence [J]. Journal of Financial Economics, 2014 (112): 16 – 135.

[204] Huan Peng, Ting Feng, Chaobo Zhou. International Experiences in the Development of Green Finance [J]. American Journal of Industrial and Business Management, 2018 (8): 385 – 392.

[205] Huang J., Kisgen D. J. Gender and Corporate Finance: Are Male Executives Overconfident relative to Female Executives? [J]. Journal of Financial Economics, 2013, 108 (3): 822 – 839.

[206] Huanyong Ji, Zhongzhen Miao. Corporate social responsibility and collaborative innovation: The role of government support [J]. Journal of Cleaner Production, 2020, 260: 121028.

[207] Jawad Abbas. Impact of total quality management on corporate green performance through the mediating role of corporate social responsibility [J]. Journal of Cleaner Production, 2020 (242): 118458.

[208] Jeucken, M. H. A., Bouma, J. J. The changing environment of banks. Greener Management International, 1999, 27 (8): 20 – 35.

[209] Jose Salazar. Environmental Finance: Linking Two World [Z]. Presented at a Workshop on Financial Innovations for Biodiversity Bratislava, 1998 (1).

[210] Ju J, Yifu Lin J, Wang Y. Endowment structures, industrial dynamics, and economic growth [J]. Journal of Monetary Economics, 2015, 76 (12): 244 – 263.

[211] Jung Wan Lee. Green Finance and Sustainable Development Goals: The Case of China [J]. Journal of Asian Finance, Economics and Business, 2020, 7 (7): 577 – 586.

[212] Kaplan, S. N., L. Zingales. Do Investment – cash Flow Sensitivities

Provide Useful Measures of Financing Constraints? [J]. Quarterly Journal of Economics, 1997, 112 (1): 169 – 215.

[213] Kaplan, S. N., Klebanov, M. M., Sorensen, M.. Which CEO Characteristics and Abilities matter?, The Journal of Finance, 2008, 67 (7): 973 – 1007.

[214] Lanjouw J. O., Schankerman M. Patent quality and research productivity: Measuring innovation with multiple indicators [J]. Economic Journal, 2004, 114 (10): 441 – 465.

[215] Li, W., Hu, M.. An overview of the environmental finance policies in China: retrofitting an integrated mechanism for environmental management. Frontiers of Environmental Science and Engineering, 2014, 8 (3): 316 – 328.

[216] Li, X., Yang, Y.. Does Green Finance Contribute to Corporate Technological Innovation? The Moderating Role of Corporate Social Responsibility. Sustainability 2022, 14, 5648.

[217] Lin M, Prabhala N, Viswanathan S.. Judging Borrowers by the Company They Keep: Friendship Networks and Information Asymmetry in Online Peer – to – Peer Lending [J]. Management Science, 2013, 59 (1): 17 – 35.

[218] Lin, C. P., Lin F. M., Song C. Li. Managerial incentives, CEO characteristics and corporate innovation in China's private sector [J]. Journal of Comparative Economics, 2011, 39 (2): 176 – 190.

[219] Liqun Z, Richard B. F, Matthew T. H. Regulation and Innovation: Examining Outcomes in Chinese Pollution Control Policy Areas [J]. Economic Modelling, 2019.

[220] Long Jinru, Zhong Changbiao, Bilal Ahmad, Muhammad Irfan, Rabia Naziri. How do green financing and green logistics affect the circular economy in the pandemic situation: key mediating role of sustainable production [J]. Economic Research – Ekonomska Istraživanja, https: //doi. org/10. 1080/ 1331677X. 2021. 2004437.

[221] Mario Daniele Amore, Cédric Schneider, Alminas Zaldokas. Credit Supply and Corporate Innovation [J]. Journal of Financial Economics, 2013, 109 (3).

[222] Min Hong, Zhenghui Li, Benjamin Drakeford. Do the Green Credit Guidelines Affect Corporate Green Technology Innovation? Empirical Research from China [J]. International Journal of Environmental Research and Public Health, 2021, 18: 1682.

[223] Muhammad Asif Khan, Hammad Riaz, Masood Ahmed, Abubakr Saeed. Does green finance really deliver what is expected? An empirical perspective [J]. Borsa Istanbul Review, http://www.elsevier.com/journals/borsa-istanbul-review/2214-8450.

[224] Muhammad Azhar Khalil, Kridsda Nimmanunta. Conventional versus green investments: advancing innovation for better financial and environmental prospects [J]. Journal of SustainableFinance & Investment, https://doi.org/10.1080/20430795.2021.1952822.

[225] Muhammad Saeed Meo, Mohd Zaini Abd Karim. The role of green finance in reducing CO_2 emissions: An empirical analysis [J]. Borsa Istanbul Review, http://www.elsevier.com/journals/borsa-istanbul-review/2214-8450

[226] Nahm, Joon-Woo. Nonparametric quantile regression analysis of R&D sales relationship for Korean firms, empirical economicis, 2001, 26 (1): 259-270.

[227] Nan Ye, Tung-Boon Kueh, Lisong Hou, Yongxin Liu, Hang Yu. A bibliometric analysis of corporate social responsibility in sustainable development [J]. Journal of Cleaner Production, 2020, 272: 122679.

[228] Nana Liu, Chuanzhe Liu, Yufei Xia, Yi Ren, Jinzhi Liang. Examining the Coordination Between Green Finance and Green Economy Aiming for Sustainable Development: A Case Study of China [J]. Sustainability 2020, 12: 3717.

[229] Narayanan M. P.. Managerial Incentives for Short-Term Results [J]. The Journal of Finance, 1985, 5 (40): 1469-1484.

[230] Pasquale Marcello Falcone, Edgardo Sica. Assessing the Opportunities and Challenges of Green Finance in Italy: An Analysis of the Biomass Production Sector [J]. Sustainability 2019, 11: 517.

[231] Robyn Owen, Geraldine Brennan, Fergus Lyon. Enabling investment for the transition to a low carbon economy: government policy to finance early stage green innovation [J]. Environmental Sustainability, 2018, 31: 137 – 145.

[232] Romer P. M.. Human capital and growth: theory and evidence [J]. Carnegie Rochester Conference, 1990, 32 (1): 251 – 286.

[233] Ruixiong Qi, Long Qi. Can Synergy Effect Exist between Green Finance and Industrial Structure Upgrade in China? [J]. Open Journal of Social Sciences, 2020, 8: 215 – 226.

[234] Russo M. V., Fouts P. A.. A resource – based perspective on corporate environmental performance and profitability [J]. Academy of management journal, 1997, 40 (3): 534 – 559.

[235] Sascha Krausa, Shafique Ur Rehman, F. Javier Sendra García. Corporate social responsibility and environmental performance: The mediating role of environmental strategy and green innovation [J]. Technological Forecasting & Social Change, 2020, 160: 120262.

[236] Shengling Zhang, Zihao Wu, Yao Wang, Yu Hao. Fostering green development with green finance: An empirical study on the environmental effect of green credit policy in China [J]. Journal of Environmental Management, 2021, 296: 113159.

[237] Shun – Pin Chuang, Sun – Jen Huang. The Effect of Environmental Corporate Social Responsibility on Environmental Performance and Business Competitiveness: The Mediation of Green Information Technology Capital [J]. J Bus Ethics, 2018, 150: 991 – 1009.

[238] Sohail Ahmad Javeed, Rashid Latief, Tao Jiang, Tze San Ong, Yongjun Tang. How environmental regulations and corporate social responsibility affect the firm innovation with the moderating role of Chief executive officer (CEO) power and ownership concentration? [J]. Journal of Cleaner Production, 2021, 308: 127212.

[239] Solow R. M.. A Contribution to the theory of economic growth [J]. The Quarterly Journal of Economics, 1956, 70 (1): 65 – 94.

[240] Tadiwanashe Muganyi, Linnan Yan, Hua – ping Sun. Green finance,

fintech and environmental protection: Evidence from China [J]. Environmental Science and Ecotechnology, 2021, 7: 100107.

[241] Umair Saeed Bhutta, Adeel Tariq, Muhammad Farrukh, Ali Raza, Muhammad Khalid Iqbal. Green bonds for sustainable development: Review of literature on development and impact of green bonds [J]. Technological Forecasting & Social Change, 2022, 175: 121378.

[242] Venkatesh, J., and Lavanya, M. R. K., Enhancing SMES Access to Green Finance [J]. International Journal of Marketing, Financial Services & Management Research, 2012, 1 (7): 22 -37.

[243] Wartick S L, Cochran P L. The Evolution of the Corporate Social Performance Model [J]. Academy of Management Review, 1985, 10 (4): 758 -769.

[244] Wei, Liqun, Chung - ming Lau, Michael N. Young, Zhihui Wang. The Impact of Top Management Team Demography on Firm Performance in China [J]. Asian Business and Management, 2005, 4 (3): 227 -250.

[245] Xiang Deng, Junyu Lu. The Environmental Performance, Corporate Social Responsibility, and Food Safety of Food Companies from the Perspective of Green Finance [J]. Revista de cercetare [i interven] ie social \, 2017, 58: 178 -200.

[246] Xiaoguang Zhou, Xinmeng Tang, Rui Zhang. Impact of green finance on economic development and environmental quality: a study based on provincial panel data from China [J]. Environmental Science and Pollution Research, https://doi.org/10.1007/s11356-020-08383-2.

[247] Xiaoxiao Zhou, Juntao Du. Does environmental regulation induce improved financial development for green technological innovation in China? [J]. Journal of Environmental Management, 2021, 300: 113685.

[248] Xinyue Wang, Qing Wang. Research on the impact of green finance on the upgrading of China's regional industrial structure from the perspective of sustainable development [J]. Resources Policy, 2021, 74: 102436.

[249] Xiuling Yin, Zhaoran Xu. An empirical analysis of the coupling and coordinative development of China's green finance and economic growth [J].

Resources Policy, 2022, 75: 102476.

[250] X. Li, Y. Yang. Does Green Finance Contribute to Corporate Technological Innovation? The Moderating Role of Corporate Social Responsibility [J]. sustainability, 2022, 14 (9).

[251] Xuedi Ren, Qinglong Shao, Ruoyu Zhong. Nexus between green finance, non-fossil energy use, and carbon intensity: Empirical evidence from China based on a vector error correction model [J]. Journal of Cleaner Production, 2020, 277: 122844.

[252] Zhiyong Li, Ying Tang, Jingya Wu, Junfeng Zhang, Qi Lv. The Interest Costs of Green Bonds: Credit Ratings, Corporate Social Responsibility, and Certification [J]. Emerging Markets Finance & Trade, 2019: 1-13.